"十三五"职业教育国家规划教材

21世纪职业教育教材·财经商贸系列

经济学基础

（第三版）

主　编　龚江南
副主编　李瑛珊　肖俊哲

图书在版编目(CIP)数据

经济学基础/龚江南主编. —3版.—北京：北京大学出版社，2019.4
全国职业教育规划教材·财经商贸系列
ISBN 978-7-301-30302-3

Ⅰ.①经⋯ Ⅱ.①龚⋯ Ⅲ.①经济学—高等职业教育—教材 Ⅳ.①F0

中国版本图书馆 CIP 数据核字（2019）第 033175 号

书　　名	经济学基础（第三版）
	JINGJIXUE JICHU（DI-SAN BAN）
著作责任者	龚江南　主编
责 任 编 辑	成　淼
标 准 书 号	ISBN 978-7-301-30302-3
出 版 发 行	北京大学出版社
地　　址	北京市海淀区成府路 205 号　100871
网　　址	http://www.pup.cn　新浪微博：@北京大学出版社
电 子 邮 箱	编辑部 zyjy@pup.cn　总编室 zpup@pup.cn
电　　话	邮购部 010-62752015　发行部 010-62750672　编辑部 010-62704142
印 刷 者	河北滦县鑫华书刊印刷厂
经 销 者	新华书店
	787 毫米×1092 毫米　16 开本　11.75 印张　286 千字
	2011 年 8 月第 1 版　2014 年 9 月第 2 版
	2019 年 4 月第 3 版　2024 年 7 月第 12 次印刷（总第 27 次印刷）
定　　价	32.00 元

未经许可，不得以任何方式复制或抄袭本书之部分或全部内容。
版权所有，侵权必究
举报电话：010-62752024　电子邮箱：fd@pup.cn
图书如有印装质量问题，请与出版部联系，电话：010-62756370

第三版前言

本书是"十三五"职业教育国家规划教材,自 2011 年首次出版以来,先后印刷 23 次,受到全国高职院校广大师生的好评和社会有关人士的肯定。为了更好地满足各院校师生的教学与学习需要,本次修订在保留了第一、二版主体框架和基本特点的基础上,贯彻落实党的二十大精神,将经济学基本理论与完整、准确、全面贯彻新发展理念,加快构建新发展格局,着力推动高质量发展紧密融合,力求实现价值引领、知识传授、能力培养与人格塑造的有机统一。本次修订遵循以下四个原则。

1. 在内容选择上体现"理论够用、简明通俗"原则

本书紧扣高职人才培养要求,在兼顾经济学理论体系大体完整的前提下,对经济学教学内容进行了整合与重构,全书完全避开高等数学,突破了经济学教材内容全、数学公式多、学习难度大的传统模式,大幅度降低了教材难度。在内容叙述上避免枯燥、晦涩难懂的理论推导,尽量借助学生熟知的故事和案例来阐述概念,诠释经济学原理,使深奥的经济学理论变得通俗易懂。

2. 在模块设计上体现"易于掌握、便于应用"原则

本书设计了"知识目标、技能目标、案例导入、扩展阅读、课堂讨论、要点回顾、学以致用、知识链接"等八个模块,体例新颖,层次清晰,便于学生理解和掌握经济学理论知识,同时,便于培养学生分析问题与解决问题的能力。

3. 在内容编排上体现"按需取舍、灵活组合"原则

为满足不同专业、不同学时(32—72 学时)的教学需要,本书注重模块化设计,既照应各章节知识之间的联系与衔接,又保持各章节的相对独立性,教师可根据所教学生的特点及课时安排,按需取舍,灵活组合书中内容。

4. 在育人目标上体现"思政贯穿、立德树人"原则

本书每一章中都合理嵌入思政育人元素,旨在培养学生能运用马克思主义基本观点、立场和方法学习和理解经济学基本原理,践行社会主义核心价值观,增强学生对国家经济政策的理解与认同,增强学生为实现中华民族伟大复兴的中国梦而奋斗的历史使命感和责任感。为便于教学,本书增加了课程思政育人目标及思政融入点说明。

本次修订由龚江南担任主编,李瑛珊、肖俊哲担任副主编,各章具体分工如下:龚江南(第一、四、六、七、九章),李瑛珊(第二、三章),肖俊哲(第五、八、十章)。最后由龚江南负

责定稿。

  本书在编写和修订过程中借鉴了大量教材及文献的研究成果,在此,一并表示衷心感谢。由于编者水平有限,不妥乃至错误在所难免,敬请广大同行和读者批评指正。作者联系方式:592517138@qq.com。

编者

2023 年 8 月

本教材配有教学课件或其他相关教学资源,如有老师需要,可扫描右边的二维码关注北京大学出版社微信公众号"未名创新大学堂"(zyjy-pku)索取。

- 课件申请
- 样书申请
- 教学服务
- 编读往来

"经济学基础"课程思政育人目标及思政融入点说明

2020年6月,教育部印发的《高等学校课程思政建设指导纲要》提出,课程思政建设工作要围绕全面提高人才培养能力这个核心点,在全国所有高校、所有学科专业全面推进。要紧紧围绕坚定学生理想信念,以爱党、爱国、爱社会主义、爱人民、爱集体为主线,围绕政治认同、家国情怀、文化素养、宪法法治意识、道德修养等重点优化课程思政内容供给,提升教师开展课程思政建设的意识和能力,系统进行中国特色社会主义和中国梦教育、社会主义核心价值观教育、法治教育、劳动教育、心理健康教育、中华优秀传统文化教育。为帮助授课教师更好地实现思政育人元素与课堂知识点的"无缝"对接,编者建议如下。

一、"经济学基础"思政育人总体目标

在课程教学中合理嵌入思政育人元素,将马克思主义的人生观和价值观贯穿于教学全过程,培养学生运用马克思主义基本观点、立场和方法学习与理解经济学原理,加深学生对中国国情与国家经济政策的理解,坚定中国特色社会主义道路自信、理论自信、制度自信、文化自信。教育引导学生将社会主义核心价值观内化为精神追求、外化为自觉行动。激励学生志存高远,把个人理想与实现中国梦紧密结合起来,在中华民族伟大复兴的征程中实现人生价值,升华人生境界。

二、各章节思政融入点与育人目标

章次	内容	思政融入点	育人目标
一	经济学是什么	资源稀缺, 资源配置	1. 教会学生正确看待社会资源与配置的现实问题 2. 人生短暂,引导学生不负青春、不负韶华、不负时代,珍惜时光好好学习,为实现中华民族伟大复兴贡献聪明才智
二	价格如何决定	价格的形成, 需求弹性	1. 通过分析新冠疫情以来各国口罩供给及价格变化,让学生深刻体会到中国国力的变化及中国特色社会主义制度的优越性 2. 我国政府高度重视"三农"工作,理解我国实行稻谷最低收购价的原因
三	消费者如何决策	效用, 影响消费者选择的因素	1. 引导学生树立正确的价值观和消费观,弱化从众攀比心理 2. 引导学生树立绿色消费理念
四	企业如何决策	成本与利润, 市场结构	1. 理解企业追求利润最大化不能以牺牲生态环境为代价 2. 随着国货崛起,华为、小米、美的、格力、安踏、鸿星尔克等一系列国产品牌深受大众青睐,理解国货崛起与大国崛起的关系

续表

章次	内容	思政融入点	育人目标
五	市场是万能的吗	外部性，贫富差距	1. 理解习近平总书记提出的"绿水青山就是金山银山"的发展理念 2. 理解防止市场垄断、促进公平竞争、完善社会主义市场经济体制的意义 3. 理解我国实现全面小康与实施乡村振兴战略的重要意义
六	如何衡量一国（地区）的富裕程度	GDP指标的含义，GDP指标的缺陷	1. 理解为什么以GDP作为主要核算指标，但实践中政府又不能搞GDP崇拜 2. 从改革开放以来特别是党的十八大以来我国经济总量及人均水平的变化，理解"中华民族迎来了从站起来、富起来到强起来的伟大飞跃"这句话的深刻内涵与重大意义，增强对实现中华民族伟大复兴的信心
七	失业与通货膨胀离你遥远吗	失业的类型，通货膨胀的影响	1. 引导学生根据自身专长和社会需求，确立一个切实可行的就业目标 2. 党的十八大以来，我国实现了充分就业、物价稳定、人民安居乐业，深刻理解习近平总书记关于以人民为中心的发展思想
八	经济增长的源泉是什么	我国经济增长趋势，经济增长的源泉	1. 分析中国经济总量从"默默无闻"到全球第二的原因，深化学生对四个自信的理解 2. 我国数字经济的地位进一步凸显，深刻认识数字经济带来的创新与改变
九	你希望人民币升值还是贬值	国际贸易，中国加入WTO	1. 理解"中国离不开世界，世界需要中国"的含义 2. 引导学生理解我国实施"一带一路"倡议的原因与重要意义
十	政府如何调控经济	财政政策，货币政策	1. 分析新冠疫情以来我国出台的部分经济政策及其效果 2. 从我国主要经济政策的连续性中体会中国特色社会主义制度的优越性

  限于篇幅，上面仅列出部分思政融入点。建议授课教师根据所教学生的思想特点、发展需求和学习状态，抓住学生的兴趣点、触动点和共鸣点，深入挖掘更多的思政融入点，将经济学理论与我国经济建设的实践相结合，实现价值引领、知识传授、能力培养与人格塑造的有机统一。

目 录

第一章 经济学是什么 (1)
- 第一节 经济学的含义 (3)
- 第二节 经济学中的几个重要概念 (9)
- 第三节 经济学的基本内容 (11)
- 第四节 为何要学习经济学 (13)

第二章 价格如何决定 (20)
- 第一节 需求 (22)
- 第二节 供给 (29)
- 第三节 均衡价格及其应用 (35)
- 第四节 需求价格弹性及其应用 (45)

第三章 消费者如何决策 (60)
- 第一节 影响消费者选择的几个因素 (61)
- 第二节 边际效用递减规律 (66)
- 第三节 消费者决策的原则 (70)

第四章 企业如何决策 (77)
- 第一节 企业生产及其目标 (78)
- 第二节 企业投入的生产要素与产量的关系 (82)
- 第三节 成本与利润 (86)
- 第四节 市场结构及其特点 (89)

第五章 市场是万能的吗 (96)
- 第一节 外部性 (98)
- 第二节 公共物品 (100)
- 第三节 贫富差距 (103)

第六章 如何衡量一国（地区）的富裕程度 (111)
- 第一节 GDP 及相关指标 (112)
- 第二节 GDP 与消费、投资、出口的关系 (119)

第七章 失业与通货膨胀离你遥远吗 (124)
- 第一节 失业 (126)
- 第二节 通货膨胀 (130)

第八章 经济增长的源泉是什么 (137)
- 第一节 经济增长 (138)

第二节　经济周期 …………………………………………………… (144)

第九章　你希望人民币升值还是贬值 ……………………………… (151)
  第一节　国际贸易 …………………………………………………… (153)
  第二节　外汇与汇率 ………………………………………………… (158)

第十章　政府如何调控经济 ………………………………………… (167)
  第一节　宏观经济政策目标 ………………………………………… (168)
  第二节　财政政策与货币政策 ……………………………………… (170)

参考文献 ………………………………………………………………… (180)

第一章

经济学是什么

【知识目标】 ↘

- 了解资源稀缺性与选择的含义
- 了解经济活动中的四要素
- 理解经济学中"生产什么,生产多少,如何生产,为谁生产"的含义
- 掌握经济学的概念

【技能目标】 ↘

- 能用稀缺性的原理分析现实中的简单经济问题

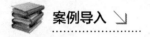 案例导入

选择与人生

还是在上中学时，娜娜（娜娜是本书假设的一位初学经济学的女大学生）听过这样一个看似好笑却又意味深长的故事：

有三个人（分别是美国人、法国人、以色列人）要在某国同一所监狱里服刑三年，监狱长表示他可以且只能满足每个人一个愿望。

美国人爱抽雪茄，他直接要了六箱雪茄；法国人很浪漫，他请了一位美丽的女人陪伴他；以色列人善于经商，他申请了一部能与外界联系的手机。

三年过后，第一个从监狱冲出来的是美国人，他手上抱着雪茄，嘴里叼着雪茄，向监狱长喊道："请快点给我火，三年前我忘了要打火机。"

第二个从监狱中出来的是法国人，只见他手里抱着一个女孩，美丽的女人挺着大肚子，手里牵着一个男孩，肚子中还怀着一个宝宝。

最后从监狱中出来的是以色列人，他紧紧握住监狱长的手激动地说："三年来，我每天与客户联系，原来的生意不仅没有受到影响，而且还有了巨幅增长。为了感谢你，我也要满足你一个愿望——能用钱买得到的愿望。"

同样的监狱，同样的环境，同样的条件，为什么三个人三年后的结果差距如此之大？

思考：

（1）人的一生离不开选择，我们随时随地都面临着选择。选择得对与错、当与否、优与劣，将直接影响到人生的成败与幸福。比如：在高中毕业时，你是选择读大学，还是选择直接工作？在高考填报志愿时，面对众多的专业，你又如何选择？

（2）每个企业经常需要选择，若你是某一公司老板，你是选择维持现状还是扩大再生产？你是选择只生产并做强现有产品，还是多元化发展？

（3）每个国家也会面临选择，比如，应选择什么样的政治制度与经济制度？

笔记：

_____

_____

_____

_____

提示：

经济学就是研究人们如何进行"选择"的一门科学，经济学将帮助你做出更好的选择。

第一节　经济学的含义

自古以来，人类社会就为经济问题所困扰，生存与发展始终是各个社会所关心的热门话题。失业、通货膨胀、经济危机、能源短缺、贫富悬殊、生态恶化等都是经济问题的直接或间接表现。通过各种表面现象我们发现人类经济问题的根源在于资源的稀缺性。一方面，相对于人类的无穷欲望而言，大自然赋予我们的资源太少了；另一方面，由于自然或社会的原因，这些有限的资源还往往得不到充分利用。因此，如何用有限的资源去满足人类的无限欲望，便成为人类社会永恒的难题。经济学正是为解决这个难题而产生的。我们可以从以下几个方面来理解经济学的含义。

一、人的欲望是无限的

人类社会要生存和发展，就需要不断地用产品和劳务来满足人们日益增长的需求。需求来自欲望，欲望是一种缺乏的感觉与求得满足的愿望。在现实生活中，我们常说"人有七情六欲"，这"六欲"就是欲望或者需要。人的欲望多种多样，并且是无限的。当一种较低层次的欲望得到解决、满足时，就会产生新的更高层次的欲望，永无止境。这也就是中国人常说的"欲壑难填""人心不足蛇吞象"。

经济学家认为，正是欲望的无限性，才构成了人类不断追求与探索的原动力，从而推动人类社会不断向前发展。

扩展阅读 1-1

需要（欲望）的五个层次

美国社会心理学家亚伯拉罕·哈罗德·马斯洛将人的需要（欲望）分为以下五个层次。

（1）生理的需要。包括对衣、食、住、行等基本生存条件的需要，也就是解决人们的温饱问题。这是人类最基本的需要（欲望）。

（2）安全的需要。包括生命安全、财产安全、职业安全等。它主要是对现在和未来生活安全感的需要，实际上是生理需要的延伸。

（3）归属和爱的需要。包括情感、爱与归属感等。人作为社会一分子总要有一种归属感，希望在自己的群体里有一席之地，希望与别人建立起友情，能够得到理解和爱。这种欲望产生于人的社会性。

（4）尊重的需要。包括自尊与来自别人的尊重。自尊包括对获得信心、能力、本领、成就、独立和自由等的愿望。来自他人的尊重包括威望、承认、接受、关心、地位、名誉和赏识。这是人更高层次的社会需要。

(5) 自我实现的需要。包括自我发展、自我理想的实现等。这种需要包括对真、善、美的追求,对完善自我的追求,以及实现自己理想和抱负的愿望。这是人类最高层次的欲望。

马斯洛认为,人的这五个层次需要是按从低到高的层次组织起来的,只有当较低层次的需要得到某种程度的满足时,较高层次的需要才会出现并要求得到满足。一个人生理上的迫切需要得到满足后,才能去寻求安全保障;也只有在基本的安全需要获得满足之后,爱与归属的需要才会出现并要求得到满足,以此类推。

课堂讨论

(一) 资料

十不足[①]

逐日奔忙只为饥,才得有食又思衣。
置下绫罗身上穿,抬头又嫌房屋低。
盖下高楼并大厦,床前却少美貌妻。
娇妻美妾都娶下,又虑出门没马骑。
将钱买下高头马,马前马后少跟随。
家人招下十数个,有钱没势被人欺。
一铨铨到知县位,又嫌官小势位卑。
一攀攀到阁老位,每日思想要登基。
一日南面坐天下,又想神仙来下棋。
洞宾与他把棋下,又问哪是上天梯。
上天梯子未做下,阎王发牌鬼来催。
若非此人大限到,上到天上还嫌低。

这是明代朱载堉的散曲《十不足》,它把一些人的"不知足"本性,刻画得入木三分、淋漓尽致。

(二) 讨论

1. 你对自己或家庭的现状满足吗?
2. 你认为世界上最富有的人对自己的现状满足吗?
3. 若每一个人真的都对自己的现状满足了,你认为会出现什么新情况?

笔记:

---

① 选自《山坡羊·十不足》。

二、资源是稀缺的

一方面,人类欲望是无限的;另一方面,用于满足人类欲望的资源又是有限的。这两者之间必然产生矛盾,从而引出了经济学中一个重要的概念——稀缺性。稀缺性是指相对于人类的无限欲望而言,资源总是不足的。

人类欲望的满足是需要借助于一定的物品来实现的,用来满足人类欲望的物品可以分为两类,即自由取用物品与经济物品。

自由取用物品是指自然界中原来就存在的物品,不用付出任何代价就可以随意得到,如空气、阳光等。这类物品的基本特点是"取之不尽,用之不竭"。面对人类无限的欲望,用来满足人类需要的自由取用物品将越来越少,如在几百年前,全世界可以说水资源是自由取用物品,但在今天的许多地方,水已经变成最宝贵的稀缺资源之一。

扩展阅读 1-2

淡水资源是取之不尽、用之不竭的吗?

地球上的水,尽管总量极其丰富,但能直接被人们生产和生活利用的淡水却少得可怜。地球上的淡水资源仅占其总水量的2.5%,而在这极少的淡水资源中,能够被人类真正利用的仅是江河湖泊和地下水中的一部分,约占地球总水量的0.26%。目前,全球80多个国家和地区的约15亿人口面临淡水资源不足,其中26个国家和地区的3亿人口完全生活在缺水状态下。预计到2025年,全世界将有30亿人口面临缺水。更令人担忧的是,这极有限的淡水,正越来越多地受到污染。人类的活动使大量的工业、农业和生活废弃物排入水中,造成大面积水质污染。淡水资源的稀缺已成为制约世界经济发展的主要因素。

我国人均水资源占有量仅为世界平均水平的四分之一,属于严重缺水国家。在全国600多个城市中,有300多个属于联合国人类住区规划署评价标准中的"严重缺水"和"缺水"城市。

思考:

上述案例说明了人类正面临淡水资源稀缺的严峻状态,你还知道哪些资源也是稀缺的?

笔记:

_____

_____

_____

_____

自由取用物品由于可以自由取用,它给人类带来的满足感是十分有限的,人类的各种欲望主要依赖经济物品来满足。经济物品是指人类必须付出代价才能得到的物品，即必须投入生产要素才能生产出来的物品，如衣服、食品、房屋、汽车、手机、图书等。生产要素包括土地、劳动、资本和企业家才能。

（1）土地是指生产中所使用的各种自然资源，是一国的自然禀赋，不仅仅是土地，还包括自然界中的矿藏、森林、河山、能源、原料等。

（2）劳动是指劳动者在生产过程中所提供的劳务，它包括体力劳动和脑力劳动，是最基本的生产要素。

（3）资本是指生产中所使用的资金，包括无形的人力资本和有形的物质资本。前者指体现在劳动者身上的身体、文化、技术状态；后者指在生产过程中使用的各种生产设备，如机器、厂房、工具、仓库等。

（4）企业家才能是企业家的经营管理能力与创新能力，即企业家对整个生产过程的组织与管理能力。

由于用于生产经济物品的生产要素总是有限的，因此，用于满足人类欲望的经济物品的数量必然是有限的。

资源的稀缺性是人类社会的永恒主题，它存在于人类社会的各个时期。从历史来看，稀缺性存在于人类社会的所有时期和一切社会阶段，无论是生产力水平极低的原始社会，还是科技高度发达的现代社会；从现实来看，稀缺性存在于世界各地，无论是贫穷的非洲，还是富裕的欧美；从个人来看，稀缺性存在于所有人当中，无论是近年来持续涌入欧洲的那些难民，还是富可敌国的美国的比尔·盖茨以及中国的李嘉诚、马云等都会面临这一矛盾。

扩展阅读 1-3

矿藏、土地、劳动力、资本、企业家与时间等资源都是稀缺的

（1）矿藏是稀缺的。例如，石油、金、银、铜、宝石、玉石等资源都是稀缺的。

（2）土地是稀缺的。近年来，我国的房价一直呈现着持续上涨、居高不下的态势，像北京、上海、广州、深圳、香港等许多大城市的房价都较高，其原因不是房子本身造价高，而是土地价格高。

（3）劳动力是稀缺的。虽然中国有近14亿人，就业人员超过7.76亿人，可是受过高等教育的人却不多，受过高等职业教育的高素质技术技能型人才就更少。

（4）资本是稀缺的。干什么都需要钱，没钱简直寸步难行。如果你大学毕业想自己创业开公司，可是没本钱，又找不到投资者，你或许会感叹，资本是稀缺的。

（5）企业家是稀缺的。企业家是当今社会最宝贵的资源，因为合格企业家不多，所以，一些优秀的企业家的年薪可以高达千万甚至上亿元人民币。

（6）时间是稀缺的。人生有许多美好的事都值得我们去尝试，但总觉得时间不够，不但每天只有24小时，多数人一生也长不过百年。如果时间真的不稀缺，那我们还需要担心什么呢？一切都慢慢来吧。

三、解决资源稀缺性问题的途径

课堂讨论

资源是有限的，而人的欲望是无限的，这一矛盾，应如何解决？在现实中，当你的消费欲望超出了你的收入，你是如何解决的？

笔记：

1. 解决资源稀缺性问题的途径——选择

如何解决人类欲望无穷与资源稀缺这一矛盾？主要有以下两种办法：

其一，减少或压抑自己的欲望。这样的办法，虽然能缓解资源的稀缺性，但不利于提升人类的物质生活水平，也有悖人性。

其二，不是压抑人的欲望，而是发展生产，缓解资源的稀缺性。这也是现代社会普遍认可的办法。

但是无论人类再怎么努力发展生产，所能提供的资源总是比人们的欲望要少，只能满足人类的一部分欲望，不可能满足人类的所有欲望。此时，人类就需要有一定的准则来研究"先满足哪些欲望，后满足哪些欲望"或"只满足哪些欲望，不满足哪些欲望"，这个过程就是"选择"。每个人都会遇到许许多多的"选择"问题。

例如：大学几年的时间是有限的，用多少时间学习，用多少时间进行娱乐、体育活动等，需要"选择"；找到了一份收入不错的工作，应去工作还是继续读书，需要"选择"。我们个人的收入总是有限的，多少钱用来消费，多少钱留作储蓄，需要"选择"。一国政府的财政收入总是有限的，如何安排财政支出，建设经费多少，教育经费多少，社会福利多少，也需要"选择"。只有合理地做出选择，人们的欲望才能得到最大限度的满足。

从这个意义上说，经济学就是研究人类社会面对稀缺的资源如何做出选择的科学。经济学中的"选择"是指如何利用现有的稀缺资源去生产各种产品和如何提供服务，以更好地满足人类的各种欲望。

2. 经济学要解决的基本问题

经济学中面临的选择问题，实际上就是经济学要解决的问题。具体来说，经济学要解决的问题可以归纳为以下三个方面：

(1) 生产什么，生产多少。

生产什么，生产多少，是指决定生产哪些产品，产量多少。由于资源稀缺，人们在使用资源之前，首先必须明确生产什么产品，生产多少。用于生产某种产品的资源多用一些，用于生产另一种产品的资源就会少一些。人们必须做出选择：用多少资源生产某一产品，用多少资源生产其他产品。

(2) 如何生产。

如何生产，主要是指选择何种生产方式的问题，包括用怎样的生产资源，采用何种技术、工艺、手段来生产。一般来说，同一种产品，在不同的国家或在同一国家的不同经济发展时期，可以选择不同的生产方式（劳动密集型方式、资本密集型方式和技术密集型方式）进行生产。

例如，家具可以用劳动密集型的手工来生产，也可以用资本密集型的机器来生产，最先进的机器还可以用技术密集型的电脑来操控。不同的生产方式，决定了不同的劳动生产效率。到底采用哪一种方法？是什么因素决定要采用这一种方法而不采用其他方法？我们必须选择合适的生产方式进行生产，才能提高经济效益。

(3) 为谁生产。

为谁生产，简单地说是产品如何分配的问题，具体来说是收入和财富的分配问题。由于资源有限，因此不可能使全社会中每一个人的欲望同时获得满足。很显然：收入高的人，可以消费更多、更好的产品；收入低的人相对消费更少、更差的产品。因此，应根据什么原则将有限的产品在全体社会成员之间进行合理分配，是任何社会都必须解决的重要问题。

上述经济学要解决的三个问题，被认为是人类社会共同面对的基本经济问题，也被称为资源配置问题。所谓资源配置，就是把资源分配到各种可供选择的用途中，以生产出能满足人们不同需要的产品。

通过以上介绍，可以给出经济学一个简单的定义：经济学是被称为"选择"的科学，即研究人类在面对资源稀缺性和人类欲望无限时就"生产什么""如何生产"和"为谁生产"做出选择的科学。

扩展阅读 1-4

资源利用问题

资源利用问题是指人类社会如何更好地利用现有的稀缺资源生产出更多的物品。在现实中，人类社会往往面临这样一种矛盾：一方面，资源是稀缺的，另一方面，稀缺的资源又得不到充分的利用。所以，经济学家不仅要研究资源配置问题，还要研究资源利用问题。资源利用涉及以下三个问题：

(1) 为什么稀缺的资源得不到充分利用？如何解决失业问题，实现充分就业？

(2) 一国经济水平和产量为什么会发生波动？如何才能实现经济持续增长？

(3) 为何一国会发生通货膨胀及通货紧缩？应采用什么经济政策加以解决？

由以上可以看出，稀缺性不仅引出了资源配置问题，而且还引出了资源利用问题。正因为如此，许多经济学家又把经济学定义为"研究稀缺资源配置和利用的科学"。

第二节 经济学中的几个重要概念

一、经济活动的四要素

经济活动是一种在买者和卖者之间开展的活动,需要四个要素,即厂商、消费者、市场和政府。

1. 厂商

厂商也称企业,它是经济活动的主体。所有的生产者,无论其生产什么,我们都称之为厂商。在经济学中,生产物质产品的是厂商;为人们提供各种服务的也是厂商,如影剧院、旅行社、医院、出租车公司等;为大家提供资本的,如银行也是厂商。只要是能独立做出决策并进行生产的组织都是厂商。

2. 消费者

经济活动的另一个主体是消费者,即有购买欲望和购买能力(收入、时间)的个人或集团。他们也是独立做出消费选择的。当然所谓"消费"也是多种多样的,既可以花钱买东西,也可以花钱买服务,还可以花钱娱乐或者读书深造。

3. 市场

消费者需要购买消费品,厂商也需要找到能购买其产品的人,但让所有的消费者直接找厂商购买是不现实的,因此,市场作为交易的场所就应运而生。传统的市场是指固定的买卖场所,一个农贸集市就是一个典型的市场。到了现代,市场的概念已变得十分宽泛,它包括了所有进行交易的场所,如农贸市场、房地产市场、百货超市、技术市场、信息市场、证券市场、期货市场等。而交易的方式也不再局限于传统的一手交钱,一手交货,而是大量地运用银行转账、支付宝、微信等支付系统。市场已演变成了庞大的市场体系。

市场体系的构成也是十分复杂的。从时序上看,市场体系有现货市场、期货市场;从空间上看,有地方市场、全国市场和世界市场;从交易对象上看,有产品市场、生产要素市场。在产品市场中,人们买卖产品和服务;在生产要素市场中,人们买卖劳动、土地、资本。从竞争与垄断的程度来看,又可分为完全竞争市场、垄断市场、垄断竞争市场和寡头市场。

4. 政府

虽然市场为厂商和消费者的相互交易提供了平台,但市场有时也会出现一些问题(经济学中称为"市场失灵"),市场并不能解决我们需要解决的所有问题,如环境污染、贫富差距大、基础教育不足等。此时,便需要政府的介入,需要政府从全局出发,对环境污染的行为进行限制和惩罚,通过税收以及各种福利措施,调节富人和穷人的收入差距,提供基础教育,等等。

二、经济人假定

经济人假定，又称理性人假定，其含义是每个人（不但包括自然人，也包括厂商）都是在给定约束的条件下追求自己利益的极大化。因为资源稀缺，所以人是受资源稀缺约束的，如收入的限制、时间的限制等。人们只能在这些约束下追求利益最大化。

"经济人"最早由英国经济学家亚当·斯密提出。他在其1776年出版的名著《国民财富的性质和原因的研究》（以下简称《国富论》）里指出："我们每天所需的食料与饮料，不是出自屠户、酿酒家或烙面师的恩惠，而是出于他们自利的打算。"[①] 对亚当·斯密提出的这一思想，后人归纳为"经济人假定"，其含义有二：一方面人是理性的，另一方面人也是自私的。

在经济学家的眼里，千差万别的活生生的人都是理性经济人——不懈地追求自身利益最大化的人。经济人都是自利的，以自身利益最大化作为自己的追求目标。当一个人在经济活动中面临若干不同的选择机会时，他总是倾向于选择能给自己带来更大利益的那种机会。

"经济人"假定人自私，绝非倡导人们自私。恰恰相反，它是提醒决策者，若要惩恶扬善，就必须注意人性自私的弱点。民间有句俗语："先小人后君子。"意思是说，为了事后不伤和气，事前不妨把人往坏处看，如朋友做买卖，明知都是君子，可签合同时，双方还得把违约责任写上。"经济人"假定也是如此，对事不对人，不管张三、李四是否自私，但要做经济分析，就得假定人是自私的。

课堂讨论

一个社会为什么要有道德和法律的约束？

笔记：

_____

_____

_____

三、看不见的手

"看不见的手"是指家庭或厂商受市场这只"看不见的手"的指引，决定购买什么、购买多少、何时购买，决定生产什么、生产多少、如何生产、为谁生产。家庭或厂商能够通过价格的涨落，及时、准确地掌握供求关系的变化，积极调整生产经营活动，从而在追求自身利益最大化的同时，推动科学技术和经营管理的进步，促进劳动生产率的提高和资源的有效利用，实现整个社会福利最大化。

"看不见的手"最早由亚当·斯密提出。十七八世纪是资本主义形成和发展的初期阶段，生产规模还相对狭小，经济自由竞争还受到各种限制。亚当·斯密在《国富论》中，

---

① 亚当·斯密. 国富论 [M]. 郭大力，王亚南译. 上海：上海三联书店，2009：11.

对经济自由竞争、自由贸易进行了详尽的阐述。亚当·斯密认为，在市场里，市场这只"看不见的手"会解决一切。

亚当·斯密主张国家不要干预经济，让经济自由发展，让市场机制自发地起作用。每个人都会自动按照市场机制，根据自己的利益去做事，这样经济就会发展。

四、看得见的手

"看得见的手"一般是指政府宏观经济调控或管理，也称"有形之手"，是"看不见的手"的对称提法。

市场这只"看不见的手"在现代市场经济运行中发挥着关键作用。但市场的作用不是万能的，也不是完美无缺的。市场具有自发性、盲目性和滞后性的缺陷。如果仅由市场这只"看不见的手"进行调节，就会导致市场失灵，如出现垄断、信息不对称、环境污染、收入分配不公、经济发展失衡、社会动荡等问题。

当出现市场失灵时，政府干预就不可避免。政府干预的手段是：通过经济手段，指明经济发展的目标、任务、重点；通过法律手段，规范经济活动参加者的行为；通过行政手段，采取命令、指示、规定等行政措施，直接、迅速地调整和管理经济活动。其最终目的是为了补救"看不见的手"在调节微观经济运行中的失效。

如果政府的作用发挥不当，不遵循市场的规律，也会产生消极的后果。在现代市场经济发展中，必须用好政府这只"看得见的手"和市场这只"看不见的手"，使全社会资源得到最优配置和充分利用。

第三节 经济学的基本内容

经济学的内容大体分为两大类：一类是微观经济学，主要研究资源配置问题；另一类是宏观经济学，主要研究资源利用问题。

一、微观经济学

微观经济学是以单个经济单位为研究对象，通过研究单个经济单位的经济行为来说明如何解决社会的资源配置问题。

这里所说的单个经济单位是指组成经济的最基本的单位：个人、家庭与企业。其中，个人、家庭又称为居民户，是经济中的消费者和生产要素的提供者；企业是经济中的生产者和生产要素的需求者。在微观经济学中，假设家庭与企业经济行为的目标是实现最大化，即家庭要实现满足程度（效用）最大化，企业要实现利润最大化。微观经济学研究家庭如何把有限的收入分配于各种物品的消费，以实现满足程度最大化；企业如何把有限的资源用于各种物品的生产，以实现利润最大化。

微观经济学的内容主要包括以下几个方面：

（1）价格理论。即研究某种商品的价格如何决定，以及价格如何调节整个经济的运行。价格理论是微观经济学的中心，其他内容都是围绕这一中心而展开的。

(2) 消费者行为理论。即研究消费者如何把有限的收入分配到各种物品的消费上，以实现效用最大化。

(3) 生产理论，即生产者行为理论。即研究生产者如何把有限的资源用于各种物品的生产上而实现利润最大化。这一部分包括：生产要素投入与产量之间关系的生产理论，成本与收益之间的关系，在不同市场条件下厂商如何决策才能实现利润最大化。

(4) 分配理论。该理论主要研究各生产要素所有者的收入如何决定，以及如何实现社会收入分配公平。

(5) 市场失灵与微观经济政策。该理论主要研究市场失灵产生的原因及政府解决的方法。

二、宏观经济学

宏观经济学是以整个国民经济为研究对象，研究资源如何才能得到充分利用。

在宏观经济学中，研究对象是整个国民经济，而不是单个消费者或单个生产者。宏观经济学从整体上分析经济问题，研究现有资源未能得到充分利用的原因、达到充分利用的途径等。

宏观经济学的内容主要包括以下几个方面：

(1) 宏观经济总量的衡量理论。衡量宏观经济总量最核心的指标是 GDP（国内生产总值），宏观经济学要研究 GDP 的变动及其规律。

(2) 失业与通货膨胀理论。失业与通货膨胀是各国经济中存在的最主要的问题。宏观经济学要分析失业与通货膨胀的成因及其相互关系，以便找出解决这两个问题的途径。

(3) 经济周期与经济增长理论。这一理论要分析一国经济波动的原因、经济增长的源泉等问题。

(4) 宏观经济政策。宏观经济学是为国家干预经济服务的，宏观经济政策要说明国家为什么必须干预经济，以及应该如何干预经济。

扩展阅读 1-5

微观经济学与宏观经济学的关系

微观经济学与宏观经济学的内容是不同的，是经济学的两个组成部分，但它们之间又有密切的联系。

首先，微观经济学与宏观经济学是相互补充的。经济学要研究如何用稀缺的资源去满足人类的无限欲望。为了达到这一目的，既要考虑资源的最优配置，又要实现资源的充分利用。微观经济学研究的是如何使资源达到最优配置，宏观经济学研究的是如何才能使资源得到充分利用。它们分别从不同的角度分析社会经济问题，两者相互补充，共同组成经济学的基本原理。

其次，微观经济学是宏观经济学的基础。整个国民经济是由单独的、个别的经济单位组成的，个别的经济单位是整个国民经济的基础，所以，微观经济学就成为宏观经济学的基础。

第四节　为何要学习经济学

打开电视，翻开报纸，满眼尽是财经新闻、股票行情。如果不懂一点经济学，不知道需求、供给、GDP、CPI、股票指数、汇率、税收等，你就会感觉自己仿佛置身事外，简直是寸步难行。作为大学生，大部分人将会到各类企业从事各类工作，不论你在哪个岗位工作，如果懂一点经济学，就能为你的事业发展助一臂之力。

一、学习经济学有助于你做出更好的决策

在人的一生中，需要做出各种各样的决策。例如：

在高中毕业时，你既可以读职业学院，也可以上独立学院本科，还可以找一份工作，你需要决定是上学还是工作。如果上大学，那么需要决定选报哪所学校，选择哪个专业。

当你大学毕业时，你需要选择：是继续读书，还是去工作？去公司打工，还是自主创业？

若你选择自主创业，你需要决定：你的公司生产什么产品？卖什么价格？在什么媒体上做广告？招收什么样的员工？选择谁当你的合伙人？

在工作之后，你要决定如何支配有限的收入：多少用于现在的消费？多少用于储蓄？你是把有限的钱存入银行，还是用于投资理财？

…………

为什么要进行上述问题的决策？因为你的资源是有限的——你的时间有限，资金也有限。如果你参加工作，可能就没有时间上大学；如果你把钱用于买房子，可能就没有钱再买汽车。所以，你必须在需求之间合理分配你有限的资源。

经济学是有关个人选择的科学，学习经济学有助于你做出更好的决策。

二、学习经济学有助于理解世界是如何运转的

为何会出现金融危机？出现金融危机后，为什么世界各国经济增长普遍受到影响？

为何会出现大学生就业难？为何有了工作，还会有失业的可能？

为何同一个人，在不同国家、不同地区或不同单位工作，其收入差距悬殊？

为何一个手机号或车牌号可以卖到几万元、几十万元甚至几百万元？

为何垄断行业的服务那么差，而收费却那么高？

为何一个流行歌手演出一晚上可以赚好几万甚至几十万元，而一个在工厂打工的普通员工一个月只能赚到几千元？

为什么许多曾经很好的企业却在一夜之间倒闭？

大街上的路灯坏了，为何没有哪个居民自己主动去修理？

街上垃圾成堆，为何你不会主动去清扫？

…………

看到上述问题，你能得出什么结论？

你的生活状况不仅取决于你自己的决策，而且依赖于其他人的决策，以及周围环境的变化。理解你周围的世界如何运行，自然有助于改进你的决策。学了经济学，你就可以明白经济世界是如何运转的。

三、学习经济学有助于理解政府政策的优与劣

为何一些地方的经济发展了，社会治安却没有同步改善？

为何一些地方的经济发展了，城市变漂亮了，街道变宽阔了，环境却破坏了，空气污染了，河水变黑了？

……

上述问题应由谁来解决？是个人、企业还是政府？许多同学可能会立刻想到政府。事实上，每个社会成员都离不开政府。如果没有政府，或许没有谁会为你提供诸如路灯、义务教育、环境保护、国防保障这样的公共产品；如果没有政府，就没有谁会为我们提供市场交易所需要的规则和秩序这样一类公共产品，也没有谁会保护我们的个人财产和人身安全。

学习了经济学，你会明白我们为什么需要政府，政府的职责范围又是什么。

无论你今后做什么，你不会后悔自己曾经学习过经济学。

本章要点回顾

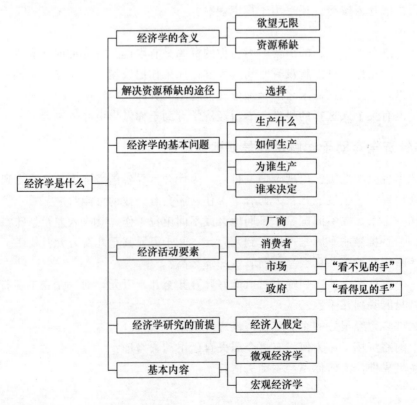

学以致用

一、选择题

1. 美国著名的心理学家马斯洛认为人最高层次的欲望是（   ）。
   A. 安全　　　　　B. 尊重　　　　　C. 自我实现　　　　　D. 归属和爱
2. 经济学上所说的稀缺性是指（   ）。
   A. 欲望的无限性　　　　　　　　　B. 欲望的相对有限性
   C. 资源的相对有限性　　　　　　　D. 资源的绝对稀缺性
3. 稀缺性问题（   ）。
   A. 只存在于依靠市场机制的经济中
   B. 只存在于依靠中央计划机制的经济中
   C. 只存在于发展中国家
   D. 存在于所有经济中
4. 当资源有限而欲望无限时，人们必须（   ）。
   A. 做出选择　　　　　　　　　　　B. 节制欲望
   C. 使公共利益优先于个人利益　　　D. 自给自足
5. 经济学要解决的基本问题有（   ）。
   A. 生产什么　　　B. 如何生产　　　C. 为谁生产　　　D. 如何消费
6. "经济人"假定最早由（   ）提出。
   A. 马克思　　　　B. 凯恩斯　　　　C. 亚当·斯密　　　D. 罗斯福
7. "看不见的手"通常指的是（   ）。
   A. 商品的价格　　B. 财政政策　　　C. 中央银行的调控　　D. 法律的约束
8. 作为经济学的一个分支，微观经济学主要研究（   ）。
   A. 通货膨胀和失业　　　　　　　　B. 一国的经济增长
   C. 消费者和生产者的经济行为　　　D. 国际贸易
9. 作为经济学的一个分支，宏观经济学主要研究（   ）。
   A. 作为总体经济组成部分的个体的行为
   B. 研究整个国民经济的运行方式和规律，如失业和通货膨胀等
   C. 市场经济
   D. 单个消费者和企业的相互作用
10. 以下哪项是微观经济学研究的内容？（   ）。
    A. 经济周期　　　B. 经济增长　　　C. 通货膨胀　　　D. 消费者行为

笔记：

二、简答题

1. 如何理解资源的稀缺性?
2. 如何理解经济学中的"选择"?
3. 经济学要解决哪三个基本问题?
4. 如何理解"经济人"假定?

笔记:

_____
_____
_____
_____

三、案例分析题

第1题

（一）资料

中国正在由制造大国向制造强国、创新强国加速迈进，与之相适应，中国的职业教育也得到了前所未有的重视与发展。近年来，习近平总书记多次强调，职业教育是国民教育体系和人力资源开发的重要组成部分，是广大青年打开通往成功成才大门的重要途径，要加大对职业教育的支持力度，让每个人都有人生出彩的机会；李克强总理也要求大力发展现代职业教育，在全社会形成"崇尚一技之长，不唯学历凭能力"的良好氛围。

高职和本科是高等教育两种不同的类型，没有高低贵贱之分。中国不仅需要仰望星空的科学家、工程师，还要有脚踏实地将设计精确实现出来、将机器效能发挥到最大的能工巧匠。当前，高职毕业生已成为就业市场的"香饽饽"，整体就业率高于本科生，部分高职毕业生收入也高于本科毕业生。高素质的高职毕业生也成为一种稀缺人才。

（二）要求

作为一名高职学生，应对自己的前途充满信心。请结合所学专业，谈谈你准备如何把自己培养成为受社会欢迎的人才？

笔记:

_____
_____
_____
_____

第2题

（一）资料

通过调查本校或外校学生获取有关资料。

（二）要求

全班分成 4~6 个小组。

分组行动，每组调查至少 20 名学生。

调查问题：所调查的学生分别面临哪些稀缺性问题（如学习时间、生活费、专业选择等）？他们是如何解决这些稀缺性问题的？

分组讨论如何解决这些稀缺性问题。

各组派出一名代表汇报小组讨论的意见，最后由教师点评。

 笔记：

知识链接 1-1

经济学的产生与发展

"经济"一词，在西方源于希腊文，原义是家计管理。在古汉语中，虽然没有现代意义上的"经济"一词，但有另一个近似的词，即"经世济民"。经，可以当经营讲；济，就是帮助、救助的意思。经世济民就是使社会繁荣、百姓安居的意思，这是中国古代贤士的立世准则。

1867 年，日本的神田孝平最先把"economics"译成三个汉字：经济学。我们现在所讲的"经济"和"经济学"，都是在 19 世纪末 20 世纪初，随着中日两国文化和人员的交往，从日本传到中国的。

一、经济学的产生

人类社会早在几千年前就有了哲学和社会科学，但经济学产生的历史却很晚，它是一门年轻的科学。

最早的经济学说是 16～17 世纪的重商主义。1615 年，重商主义者蒙克莱田发表《献给国王和王后的政治经济学》，表明经济理论已从研究家产管理扩展到国家财富。重商主义的基本观点是：金银形态的货币是财富的唯一形态，一国的财富来自对外贸易，增加财富的唯一方法就是扩大出口、限制进口。由此出发，它的基本政策主张是国家干预经济，即用国家的力量来增加出口、限制进口，通过多卖少买、贵卖贱买增加国家财富。这些观点，反映了原始积累时期资本主义经济发展的要求。重商主义仅限于对流通领域的研究，其内容也只是一些政策主张，并没有形成一个完整的理论体系，它只是早期阶段的经济学说。

1776 年，英国经济学家亚当·斯密（1723—1790）出版了《国民财富的性质和原因的研究》（简称《国富论》），标志着现代经济学的产生，亚当·斯密被尊称为经济学的鼻祖。

亚当·斯密提出了著名的被后人称为"看不见的手"的原理。他主张国家不要干预经济，让经济自由发展，让市场机制自发地起作用。每个人都会自动按照市场机制，根据自己的利益去做事，这样经济就会发展了。

在他的思想指引之下，英国的经济首先得到发展，然后是西欧，之后是美国。亚当·斯密的思想统治了资本主义世界150年之久，人们用他的经济思想来管理国家：政府不干预经济，让经济自由发展，政府只做个守夜人。直到今天经济学家们还在争论不休：政府究竟该不该干预经济？

二、经济学的发展

经济学产生之后，历经以下几个阶段：

1. 经济学的第一阶段：古典经济学

古典经济学核心的一点是强调劳动决定商品的价值。古典经济学体系的创立者就是亚当·斯密。亚当·斯密之后，1817年，英国经济学家大卫·李嘉图（1772—1823）发表《政治经济学及赋税原理》，提出了影响深远的"比较优势原理"。

古典经济学批判和否定封建主义的生产方式，研究和提倡资本主义的生产方式。但是，随着资产阶级确立政治统治地位，资产阶级与无产阶级的矛盾趋于激化，使古典经济学发生了危机。

2. 经济学的第二阶段：新古典经济学阶段

18世纪末，古典经济学宣告解体，形成了以法国的萨伊、英国的马歇尔等为代表人物的新古典经济学阶段。其标志是马歇尔在1890年所出版的《经济学原理》一书。马歇尔认为，商品的价格（价值）既取决于劳动等客观因素即供给，也取决于效用等主观因素即需求；供给和需求共同决定价格。

新古典经济学主张自由竞争和自由放任的经济原则，反对政府干预经济，认为资本主义市场经济能够自行调节而实现经济资源的有效配置，保证经济增长。但是，20世纪30年代，资本主义国家发生的严重经济危机，使新古典经济学陷入困境。

3. 经济学的第三阶段：现代经济学阶段

现代经济学产生的标志，是英国经济学家凯恩斯于1936年出版的《就业、利息和货币通论》一书。

自18世纪亚当·斯密以来的经济学家一直坚信"看不见的手"的原则，主张采取放任自流的经济政策，"商品供给自行创造需求"。但是，西方在1929—1933年爆发的经济危机，使整个资本主义世界都陷入了同样的困境。新古典经济学对于这一现象无法给出一个合理的解释。正是在这样的历史背景下，凯恩斯出版了《就业、利息和货币通论》一书。在书中，凯恩斯解释了资本主义世界1929—1933年"大萧条"的原因。他认为，资本主义市场机制并不能自行调节资源的有效配置，资本主义经济也不总是实现充分就业，相反，资本主义经济常常没有达到充分就业。他主张，要实现充分就业，资本主义国家就必须对经济进行干预，有效刺激总需求。凯恩斯的国家干预政策，帮助危机中的资本主义国家走出了困境，因此受到了普遍的重视。凯恩斯的经济学理论从诞生到20世纪60年代，一直是经济学的主流。但是，20世纪70年代初，西方国家普遍发生了经济"滞涨"，即经济停滞与通货膨胀并存。凯恩斯主义对此无法解释，也没有有效的应对方法，从而使经济学又一次陷入困境。

面对这种局面，经济学的众多流派纷纷出现。这些流派大体可以分为凯恩斯主义的支持者和反对者。

支持者主要有新凯恩斯主义经济学（新古典综合派）和新剑桥学派。

新凯恩斯主义经济学既认为市场是有效的，市场的作用是基本的，又承认市场有时候有缺陷，政府的干预也是必要的。这一派最杰出的代表人物是美国经济学家保罗·萨缪尔森，1970年诺贝尔经济学奖获得者，他构建了现代经济学的分析框架。

新剑桥学派，其主要人物在剑桥大学，基本观点和新古典综合派大同小异，主要代表人物是琼·罗宾逊夫人，其代表作是《不完全竞争经济学》。

反对者主要有货币主义学派和新奥地利学派。

货币主义学派的领袖人物是美国经济学家弗里德曼，1976年诺贝尔经济学奖获得者，自由主义的大师，强烈反对国家干预。

新奥地利学派以哈耶克等为代表，反对国家干预，提倡自由主义，支持市场自发势力，反对计划经济。哈耶克是1974年诺贝尔经济学奖获得者之一。

第二章

价格如何决定

【知识目标】↘

- 理解需求和供给的概念及其影响因素
- 掌握需求定理、供给定理
- 了解均衡价格的形成和变动
- 理解需求价格弹性的概念
- 了解支持价格、限制价格的含义

【技能目标】↘

- 根据影响需求和供给的不同因素,初步分析商品需求和供给的关系
- 能用价格理论解释生活中常见的经济问题

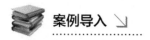

娜娜的困惑

一天，娜娜和男朋友一起逛街。由于天气炎热，娜娜很想喝水，于是两个人就到一家大型商店买水。在经过商店一楼时，娜娜不经意间看到了"钻石成就梦想"的广告语。广告写道：自古以来，钻石对每个人来说都是一个梦、一种理想和一种形象。钻石对某些人来讲代表权力、富贵、地位、成就，而对某些人来说却是爱情、永恒、纯洁和忠实、勇敢、坚贞的象征。娜娜看完了这则广告后，对钻石产生了浓厚的兴趣。她仔细看了看钻石的价格，发现像米粒大小的一小颗钻石竟然要几千元。娜娜不禁感叹："好贵呀！不过结婚的时候，我也一定要买一颗。"娜娜的男朋友看了看说："就是，这么贵，钻石除了做首饰也没有什么用，不着急买，等我们有钱了再买吧。现在，我们还是先买点水喝，要不然我的娜娜公主就要渴死了。钻石这么贵，却既不能吃也不能喝。而水这么有用，却只要2块钱一瓶。"

娜娜认为男朋友说的话有一定的道理，但她还是感觉很困惑。根据常识，水对维持人的生命至关重要，人不吃饭尚可以生存一周，而完全不喝水，三四天就会死去。奇怪的是，如此重要的水，价格却非常便宜。而钻石是非必需品，没有它，我们根本不会觉得有任何不便。与水相比，钻石是可有可无的东西。但不可思议是，和它的实际用处相反，钻石的价格却非常昂贵，这是为什么呢？

思考：

（1）你是如何看待水和钻石的价格悖论的？

（2）为什么看起来不值钱的含4个8的某广州车牌能卖出130多万元，而看起来很值钱的笔记本电脑最便宜的只需要2000多元？

（3）你认为一种商品的价格是由哪些因素决定的？

笔记：

___

___

___

___

提示：

如果你遇到一个问题，苦思冥想都不得其解，那就试试从供给和需求的角度考虑一下吧。或许不能完全解决问题，但是离解决问题一定不会太远。西方流传着这样一种说法："只要你教鹦鹉学会说供给与需求，就可以把它培养成一名经济学家。"当然，事实没有这样简单，但这种说法却十分恰当地强调了需求与供给在经济学中的重要作用。如果我们深刻理解了需求与供给这两个概念，就能够更好地分析现实中的经济问题，在经济生活中得心应手，游刃有余。

第一节 需 求

一、需求及其影响因素

1. 需求

经济学中所讲的需求（Demand），是指消费者在一定时期内、在不同价格水平下愿意并且能够购买的某种商品的数量。简单地说，需求就是购买能力与购买欲望的统一。

在理解这个概念的时候应该注意"愿意并且能够购买"的含义。"愿意"就是有购买欲望，"能够"就是有购买能力。因此，对某种商品的需求，必须具备以下两个条件：

（1）消费者必须要有购买欲望。如果消费者有购买能力但没有购买欲望，就不能成为需求。例如，2017年，中国有1.29亿人次到境外旅游，这些人完全有能力到阿富汗、伊拉克、叙利亚等国旅游，但因担心当地的安全局势而缺乏到这些国家旅游的欲望。没有欲望，就不能构成这些国家的有效旅游需求。

（2）消费者还必须有一定的购买能力。要构成需求，购买欲望和购买能力缺一不可。当我们走进大型超市时，好多东西我们都喜欢，可惜自己没有那么多钱。"没有那么多钱"就是没有那么多的购买能力，也就形成不了有效需求。

在理解需求时还必须注意以下几点：

① 需求不同于我们平常所说的需要。需要是指人的主观欲望，需要可以不受购买能力的限制，任凭自己天马行空地想象。

② 需求不同于需求量。需求量是在某一既定的价格时，消费者愿意而且能够购买的某种商品数量。而需求则是不同价格水平所对应的不同需求量的统称，指的是商品需求量变动与商品价格变动之间的数量对应关系。

③ 需求分为个人需求与市场需求。个人需求是指单个消费者对某种商品的需求，即对应该商品每一种可能的价格，消费者愿意并有能力购买的数量。将某一商品每一种可能的价格下所有个人需求量加总求和，即得到与不同价格相对应的市场需求量。由此可见，个人需求是构成市场需求的基础，市场需求是所有个人需求的总和。

扩展阅读 2-1

不懂"需求"的英国商人

1840年鸦片战争之后，一批英国商人进入中国，他们为打开了中国这个广阔的市场而欣喜若狂。当时英国棉纺织业中心曼彻斯特的商人估计，中国有4亿人，假如有1亿人晚上戴睡帽，每人每年用两顶，整个曼彻斯特的棉纺厂日夜加班也不够，何况还要做衣服呢！当时中国有许多富人，他们完全具有购买英国洋布的能力。于是英国商人把大量的洋布送到中国，甚至还带来了吃饭的刀叉和娱乐的钢琴。结果与他们的预期相反，中国人没有戴睡帽的习惯，不论富人还是穷人，更喜欢穿用自产的丝绸或土布做成的衣服，洋布根本卖不出去。

思考:

英国商人为什么会失算？该案例对企业有何启示？

笔记:

2. 影响需求的因素

消费者对某种商品的需求要受多种因素的影响，这些因素可以分为两类：其一是商品本身的价格；其二是除商品本身价格之外的其他因素，包括消费者的收入、相关商品的价格、消费者偏好和消费者对未来的预期等。

(1) 商品本身的价格。

一般来说，商品需求量与其价格之间呈反方向变动：商品价格升高，需求量降低；商品价格降低，需求量增加。

例如：当草莓价格为 13 元/千克时，需求量为 100 千克；当价格上涨到 14 元/千克时，需求量为 90 千克；当价格下降到 12 元/千克时，需求量为 110 千克。

(2) 消费者的收入。

在一般情况下，消费者的收入提高了，意味着消费者的支付能力提高，在相同的价格水平下，人们对某些商品的需求量也会增加。如果消费者的收入减少，他一般会相应地减少对某些商品的需求。

(3) 相关商品的价格。

一种商品的需求不仅取决于其本身的价格，而且还取决于相关商品的价格。这种相关商品分为以下两类：

其一是互补商品。这类商品要互相补充配套，才能正常使用。如镜架和镜片、汽车和汽油、乒乓球和乒乓球拍等。当一种商品的互补商品（如汽油）价格上升时，这种商品的需求数量（如汽车）就会下降，反之亦然。

其二是替代商品。这类商品在某种程度上可以互相替代。如面包和蛋糕、梨与苹果、猪肉与牛肉、火车与飞机等。当一种商品的替代商品（如苹果）价格上升时，这种商品（如梨）的需求数量就会上升，反之亦然。

(4) 消费者偏好。

人们的消费行为与他们的偏好有关。在其他条件相同的情况下，喜欢吃草莓的人对草莓的需求量自然大于不喜欢吃草莓的人。在医学研究发现多吃鱼对人类健康有好处后，消费者将会增加对鱼类的需求，这是因为这项发现改变了人们的偏好。

(5) 消费者对未来的预期。

消费者对自己的收入水平、对商品的价格水平的预期直接影响其消费欲望。如果消费者预期未来几个月会赚到更多的钱，就可能用当前的收入去多购买一些他喜欢的商品，则该商品的需求量会增加。对一个计划购房的人而言，如果他预期半年后房价一定会下跌，那么他可能会决定等几个月以后再买房子；如果他预期房价还要上涨，那么他可能现在就去购房。

课堂讨论

（一）资料

表 2-1 影响需求的因素

序号	影响需求的因素变化	需求的变化（增加或减少）
1	该物品自身价格下降	
2	消费者收入增加	
3	替代品价格下降	
4	互补品价格下降	
5	对该物品的偏好增加	
6	未来预期价格下降	

（二）要求

请在表 2-1 中填入增加、减少或不变的符号。

笔记：

_____

_____

_____

_____

（三）需求表与需求曲线

在一定时期和特定的市场上，消费者在不同的价格水平下愿意且能够购买的商品数量可以列成一张表格，这张表格就称为需求表。例如，在某地市场上：当草莓的价格为 12 元/千克时，需求量为 110 千克；当价格为 13 元/千克时，需求量为 100 千克；当价格为 14 元/千克时，需求量为 90 千克；当价格为 15 元/千克时，需求量为 80 千克；当价格为 16 元/千克时，需求量为 70 千克，等等。根据这些数字，我们可以编制成一张需求表（见表 2-2）。该需求表可以表示出某种商品的价格和消费者在此价位上愿意且能够购买的商品量之间的对应关系。

表 2-2 需求表

商品	价格（元/千克）	需求量（千克）
a	12	110
b	13	100
c	14	90
d	15	80
e	16	70

根据需求表 2-2，我们可以画出草莓的需求曲线（如图 2-1 所示）。

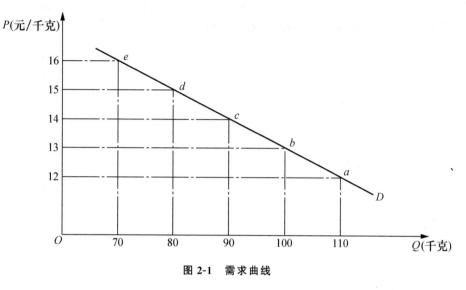

图 2-1　需求曲线

在图 2-1 中，横轴 OQ 代表消费者对草莓的需求量，纵轴 OP 代表草莓的价格，D 即为需求曲线。

> **扩展阅读 2-2**
>
> ### 需 求 函 数
>
> 通过对影响需求因素的分析，我们可以将某种商品的需求数量与其影响因素之间的关系用一个函数表示出来，这个函数就是需求函数。如果把影响需求量的因素作为自变量，把需求量作为因变量，则需求函数可写为：
>
> $$Q_D = f(a, b, c, d, \cdots)$$
>
> 式中：Q_D 代表某种商品的需求量；$a, b, c, d, \cdots$ 代表影响需求量的因素。
>
> 在影响商品需求量的众多因素中，商品的价格是最重要的因素。在进行经济分析时，通常假定其他条件不变，仅分析一种商品的价格变化对该商品需求量的影响，这样需求函数可表示为：
>
> $$Q_D = f(P)$$
>
> 式中：P 表示价格，即某种商品的需求量是其价格的函数。
>
> 若需求曲线是一条直线，则需求函数可写为：
>
> $$Q_D = a - bP$$
>
> 需求曲线向右下方倾斜，这是因为在其他条件不变的情况下，价格较低时意味着需求量较多。

思考：

若将图 2-1 中的需求曲线写成 $Q_D = a - bP$ 的形式，式中的 a 和 b 的值如何确定？

笔记：

_____

_____

_____

_____

提示：$Q_D = 230 - 10P$

二、需求规律

从需求表和需求曲线中可以看出，一种商品的需求量与其自身价格是呈反方向变动的，这种现象被称为需求规律。其基本内容是：在其他条件不变的情况下，一种商品的需求量与其自身价格之间存在着反方向变动的关系，即需求量随着商品自身价格的上升而减少，随着商品自身价格的下降而增加。

在理解这个规律的时候要注意"在其他条件不变的情况下"这句话。所谓"其他条件不变"，是指除了商品自身的价格以外，其他任何能够影响需求的因素（如消费者的收入、相关商品的价格、消费者的偏好和消费者对未来的预期等）都保持不变。也就是说，需求规律是在假定影响需求的其他因素都不变的情况下，研究商品自身价格和需求量之间的关系。离开了"其他条件不变"这个前提，需求规律也将不复存在。例如，羽绒服在冬天的需求量比较大，而到了夏天后，即使羽绒服的价格下降，其需求量可能还是会减少。

课堂讨论

有没有不符合需求规律的商品呢？如果有，请举例。假设你经营的商品属于此类，那么当你涨价时，该商品的销售量会不会增加呢？

笔记：

_____

_____

_____

_____

扩展阅读 2-3

需求规律的例外情况

从需求规律我们知道：价格越低，商品的需求量越大；价格越高，需求量越小。但这一规律也有例外。需求规律的例外有以下三种情况。

1. 吉芬商品

吉芬商品是指在其他因素不变的情况下，价格上升引起需求量增加的物品，它一般是低档的生活必需品，是由英国统计学家罗伯特·吉芬（Robert Giffen）最早发现的。1845年爱尔兰发生大灾荒，虽然土豆的价格急剧上升，但其需求量不减反增。这一现象在当时被称为"吉芬难题"。通过调查，吉芬发现根源所在：爱尔兰在1845年发生的大饥荒使得大量的家庭陷入贫困，收入急剧减少。相比起土豆这种最便宜的低档品，人们已经没有能力购买其他价格更高的替代品了。因此，尽管土豆价格上涨，其需求反而增加。

2. 炫耀性商品

炫耀性商品是指某些价格昂贵、能够炫耀消费者地位和财富的商品，如名贵首饰、豪华汽车、高档手表、古董名画等。这类商品只有在高价时才能显示其消费者的社会地位，价格越高，其炫耀作用越大，需求量越大。降价后、大众化后，其炫耀作用减弱，需求量会下降。某些时候，人们购买一样商品，考虑的并不完全是它的实际用途，而是希望通过这件商品显示自己的财富、地位或者其他方面，所以，有些商品往往是越贵越有人追捧。随着社会经济的发展，人们对炫耀性商品的消费会随着收入的增加而增加。

3. 投机性商品

投机性商品是指商品的价格发生变动时，需求呈不规则变化，需求同人们对未来价格的预期和投机的需要相关。例如，股票、债券、黄金、邮票等商品的需求，受人们心理预期影响较大，有时会出现低价时抛出，高价时买进的违反需求规律的例外情况。

三、需求量变动与需求变动

需求量是指在某一特定的价格水平下，消费者愿意并且能够购买的商品量。例如，当草莓的价格为12元/千克时，消费者购买120千克，这120千克就是单价为12元时的需求量。在需求曲线图上，需求量就是需求曲线上的一点。

需求是指在不同价格水平时，不同需求量的总称。例如，当草莓的价格为12元/千克时，消费者购买120千克；当草莓的价格为13元/千克时，消费者购买110千克；当草莓的价格为14元/千克时，消费者购买90千克等。这种在不同价格时所对应的不同需求量称为需求，在需求曲线图中，需求是指整个需求曲线。

1. 需求量变动

在其他条件不变的情况下，由商品本身的价格变动引起的需求量的变化，称为需求量变动，表现为在一条既定的需求曲线上点的位置移动。

需求量变动等于从同一条需求曲线上的一点移动到另一点。

图 2-2（a）反映了需求量的变动：当某种商品的价格为 P_1 时，需求量为 Q_1，当价格由 P_1 下降到 P_2 时，需求量由 Q_1 增加到 Q_2，在需求曲线上表现为从 a 点向 b 点移动。需求曲线上的点向左上方移动是需求量的减少，向右下方移动是需求量的增加。

需要指出的是，这种变动虽然表示需求数量的变化，但是并不表示整个需求情况的变化，因为这些变动的点都在同一条需求曲线上。

2. 需求变动

除商品价格以外的其他因素的变动引起的需求量的变动，称为需求变动，表现为整条需求曲线的转移。这里所说的其他因素变动是指消费者的收入变动、相关商品价格的变动、消费者的偏好变动和消费者对未来的预期的变动等。

需求变动等于需求曲线的移动。

图 2-2（b）反映了需求的变动：图中原有的需求曲线为 D_1，在商品价格不变的前提下，如果其他因素的变化使得需求增加，则需求曲线向右平移，由图中的 D_1 曲线向右平移到 D_2 曲线的位置；如果其他因素的变化使得需求减少，则需求曲线向左平移，由图中的 D_1 曲线向左平移到 D_3 曲线的位置。

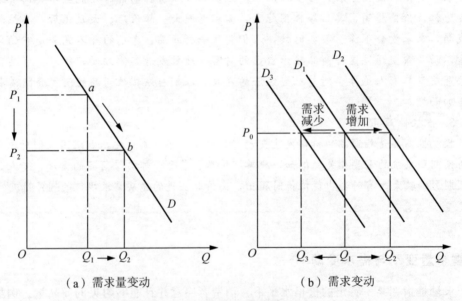

（a）需求量变动　　　　　　　（b）需求变动

图 2-2　需求量变动和需求变动

由需求变动所引起的这种需求曲线位置的移动，表示在每一个既定的价格水平下，需求数量都增加或减少。

例如，在既定的价格水平 P_0，原来的需求数量为 D_1 曲线上的 Q_1，需求增加后的需求数量为 D_2 曲线上的 Q_2，需求减少后的需求数量为 D_3 曲线上的 Q_3。而且，这种在原有价格水平上所发生的需求增加量 Q_1Q_2 和需求减少量 Q_1Q_3 都是由其他因素的变动所引起的。譬如，它们分别是由消费者收入水平的提高和下降所引起的。显然，需求的变动所引起的需求曲线的位置的移动，表示整个需求情况的变化。

课堂讨论

资料

当发生以下情况时，学校附近的沙县云吞的需求量会发生如何变化？沙县云吞的需求曲线会如何移动？

（1）沙县云吞价格上涨；

（2）食堂饭菜的价格大幅度上涨；

（3）学生每月的生活费普遍降低；

（4）美团外卖的食品价格降低；

（5）预期未来沙县云吞的价格会提高30%。

笔记：

提示：

（1）沙县云吞自身价格上涨，需求减少，表现为在一条既定的需求曲线上点的位置向下移动。

（2）替代品价格上涨，沙县云吞需求增加，表现为整条需求曲线向右移动。

（3）收入减少，需求减少，表现为整条需求曲线向左移动。

（4）替代品价格下降，沙县云吞需求减少，表现为整条需求曲线向左移动。

（5）预期沙县云吞价格上涨，需求增加，整条需求曲线向右移动。

第二节 供　　给

市场是由需求与供给构成的。需求构成市场的买方，供给构成市场的卖方，需求与供给一起构成经济学分析的前提。现在我们转向市场的另一方，考察卖者的行为。

一、供给及其影响因素

1. 供给

供给（Supply）是指厂商（生产者）在某一定时期内、在不同价格水平下愿意而且能够供应的商品量。

厂商的供给也是供给欲望与供给能力的统一。所以，在理解这个概念时也要注意两个方面：一是供给欲望；二是供给能力。即供给是厂商根据自身的供给欲望和供给能力计划提供的商品量。若生产者对某种商品只有出售的愿望，而没有提供的能力，则不能形成有效供给,也不能当作供给。

在理解供给时还必须注意以下两点:

(1) 供给与供给量的差距。供给量是指在某一特定价格水平时,厂商愿意或计划供给的商品量,即每个供给量都是和特定的价格水平相对应的。

(2) 供给也分为个别供给与市场供给。个别供给是指单个厂商对某种商品的供给,市场供给是指厂商全体对某种商品的供给。市场供给是所有个别供给的总和。

2. 影响供给的因素

在微观经济学中,一般假设厂商的目标是利润最大化,即厂商供给多少取决于这些供给能否给其带来最大的利润。在这一假设下,如果让你管理一家种植并销售草莓的企业,是什么因素决定你愿意生产并销售草莓呢?

(1) 商品自身的价格。

商品的价格是决定供给量的关键因素。在一般情况下,根据供给规律,在其他因素(指生产要素价格、相关商品价格、生产技术水平、生产者预期)不变时,某商品的供给量与其价格呈同方向变动,即一种商品的价格越高,生产者越愿意提供产品;相反,价格越低,生产者愿意提供的产品就越少。这就是供给规律。

例如:当草莓的价格升高时,种植和销售草莓是可以获得利润的,草莓经营者希望能增加供应量,愿意增加种植面积,并雇用更多的工人来种植和加工草莓;当草莓的价格降低时,出售草莓可能无利可图甚至还会亏损,草莓经营者一定会减少生产,甚至不种植草莓。

(2) 生产要素的价格。

生产过程就是投入、产出的过程,生产要素的价格直接影响商品的生产成本。生产要素价格上升,企业利润减少,供给也会减少;反之,则供给增加。

例如:为了种植草莓,企业要投入各种生产要素,如化肥、拖拉机、人工以及存储草莓的设备等。如果草莓的市场价格稳定,而生产要素的价格上升,则一定会减少利润,从而降低果农种植草莓的积极性,减少草莓的供给量;反之,果农则会增加草莓的供给量。

(3) 相关商品的价格。

当一种商品的价格保持不变,而和它相关的其他商品的价格发生变化时,也会引起该商品的供给量发生变化。

假定草莓和蓝莓是替代品,如果草莓的价格不变,而草莓的替代品蓝莓的价格上涨,那么果农就会把种植草莓的土地改成种植蓝莓,少种植草莓而多种植蓝莓,从而减少草莓的供给量。

(4) 生产技术水平。

技术进步可以大大提高生产效率,使企业在同样的资源条件下生产出更多的产品,从而增加供给。

如果科学家成功培育出一种杂交草莓,它能使草莓的亩产量提高30%,无疑将大大增加草莓的供给。

(5) 生产者预期。

如果生产者对未来的经济持乐观态度,则会增加供给;如果生产者对未来的经济持悲观态度,则会减少供给。

如果企业预期当年草莓的价格会上涨，该企业现在就会增加草莓的种植；如果企业预期草莓的价格会下降，则会减少草莓的种植。

 课堂讨论

表 2-3　影响供给的因素

序号	影响供给的因素变化	供给的变化（增加或减少）
1	该物品自身价格下降	
2	生产要素价格上升	
3	相关商品价格下降	
4	淘汰落后技术	
5	预期未来价格上升	

笔记：

（三）供给表与供给曲线

我们仍用以前草莓的例子来表述"供给"这个概念。例如：在某水果市场上，当草莓的价格为 12 元/千克时，供给量为 70 千克；当价格为 13 元/千克时，供给量为 80 千克；当价格为 14 元/千克时，供给量为 90 千克；当价格为 15 元/千克时，供给量为 100 千克；当价格为 16 元/千克时，供给量为 110 千克，等等。根据这些数字，我们可以画出供给表（见表 2-4）。这份供给表表明了某种商品（草莓）的价格和供给量之间的关系。

表 2-4　供给表

商品	价格（元/千克）	供给量（千克）
a	12	70
b	13	80
c	14	90
d	15	100
e	16	110

根据供给表 2-4，我们可以画出供给曲线（如图 2-3 所示）。

在图 2-3 中，横轴 OQ 代表果农对草莓的供给量，纵轴 OP 代表草莓的价格，S 即为供给曲线。供给曲线是根据供给表画出的，是用来表示某种商品的价格与供给量之间关系的曲线，它向右上方倾斜。

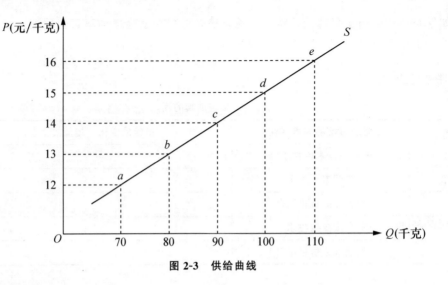

图 2-3 供给曲线

扩展阅读 2-4

供给函数

通过对影响供给因素的分析，我们可以将某种商品的供给数量与其影响因素之间的关系用函数形式表示出来，这个函数就是供给函数。将各影响供给量的因素作为自变量，供给量作为因变量，供给函数可记为：

$$Q_S = f(a, b, c, d, \cdots)$$

式中：Q 代表供给量；$a, b, c, d, \cdots$ 代表影响供给量的因素。

在进行经济分析时，通常假设其他因素不变，只分析商品的供给量与该商品价格之间的关系，此时供给函数可表示为：

$$Q_S = f(P) \quad (P \text{ 表示价格})$$

这个公式表明了某种商品的供给量 Q 是其价格 P 的函数。供给函数可以用代数表达法、表格或曲线来表示。

若供给曲线为一条直线，则供给函数可写为：

$$Q_S = -a + bP$$

思考：

图 2-3 中的供给曲线若用 $Q_S = -a + bP$ 来表示，你能确定式中的 a 和 b 的值分别为多少吗？

笔记：

> 提示：
> $Q_S = -50 + 10P$

二、供给规律

从供给表（表2-4）和供给曲线（图2-3）中可以看出，某种商品的供给量与其价格是呈同方向变动的，这种现象被称为供给规律。供给规律的基本内容是：在其他条件不变的情况下，一种商品的供给量与价格之间呈同方向变动，即供给量随着商品本身价格的上升而增加，随着商品本身价格的下降而减少。

在理解供给规律时，同样要注意"在其他条件不变的情况下"这个假设前提。也就是说，供给规律是在假定影响供给的其他因素不变的前提下，研究商品本身价格与供给量之间的关系。离开了这一前提，供给规律就无法成立。例如，当技术进步时，即使某种商品的价格下降，供给量也会增加。

扩展阅读 2-5

供给规律的例外

供给规律是一般商品在一般情况下的规律，对于某些特殊商品来说也有例外。

例如，当工资（劳动力的价格）增加时，劳动力的供给开始随工资的增加而增加，但当工资增加到一定程度时，如果工资继续增加，劳动力的供给反而减少。这是因为，当劳动者的生活水平达到一定程度后，他就不一定愿意加班，而是希望休息、放松和娱乐。如果将劳动力与工资的关系也绘成曲线，则可以看到它的形状与普通供给曲线形状不同，劳动力的供给曲线如图2-4所示。其中，W代表劳动力价格，L代表劳动力的供给量。

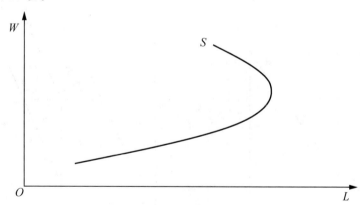

图2-4 劳动力的供给曲线

而像土地、古董、字画、名贵邮票等，它们的供给量是固定的，无论价格如何上涨，其供给量也无法增加。此外，如证券、黄金等，由于受各种环境和条件的影响，其供给量可能呈不规则的变化。

三、供给量变动与供给变动

供给量是指在某一特定的价格水平下,厂商愿意提供的商品量。例如,当草莓的价格为 12 元/千克时,厂商的供给量为 60 千克,这 60 千克就是单价为 12 元时的供给量。在供给曲线上,供给量就是供给曲线上的一个点。

供给是指在不同价格水平时,不同供给量的总称。例如:当草莓的价格为 12 元/千克时,厂商的供给量为 60 千克;当草莓的价格为 13 元/千克时,厂商的供给量为 80 千克;当草莓的价格为 14 元/千克时,厂商的供给量为 90 千克,等等。这种不同价格时所对应的不同供给量称为供给,在供给曲线中,供给是指整个供给曲线。

1. 供给量的变动

其他条件不变,由商品本身的价格变动引起的供给量的变化,称为供给量的变动,表现为在一条既定的供给曲线上点的位置移动。

供给量的变动等于从同一条供给曲线上的一点移动到另一点。图 2-5(a)反映了供给量的变动:当某种商品的价格为 P_1 时,供给量为 Q_1;当价格由 P_1 上升到 P_2 时,供给量由 Q_1 增加到 Q_2,在供给曲线上表现为从 a 点向 b 点移动。供给曲线上的点向右上方移动时供给量增加,向左下方移动时供给量减少。

2. 供给的变动

除商品自身的价格以外其他因素的变动而引起的供给量的变动,称为供给的变动,表现为整条供给曲线的转移。这里所说的"其他因素变动"是指生产成本的变动、生产技术水平的变动、相关商品价格的变动和生产者对未来的预期的变动等。

供给的变动等于供给曲线的移动,图 2-5(b)反映了供给的变动。在该图中,供给的变动表现为供给曲线的位置发生平行移动。

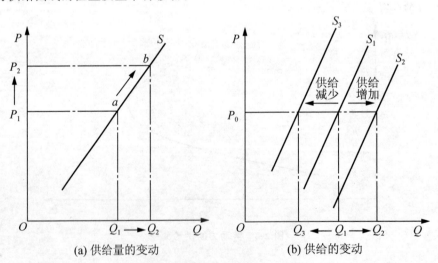

(a) 供给量的变动　　　　(b) 供给的变动

图 2-5　供给量的变动和供给的变动

由于商品本身价格以外的其他因素变动而引起的供给曲线的移动是供给的变动。例如:假设化肥的价格下降了,这种变动如何影响草莓的供给呢?由于化肥是提高草莓产量的一种肥料，所以，化肥的价格下降使种植草莓更有利可图。这就会使企业增加草莓的供给。在任何一种既定的价格水平 P_0 时，厂商现在愿意生产更多的产量，供给从 Q_1 增加到 Q_2。因此，草莓的供给曲线向右平行移动，从 S_1 移动到 S_2。相反，就会导致在任何同一价格水平 P_0 时，草莓的供给减少，从 Q_1 减少到 Q_3，供给曲线向左平行移动，从 S_1 移动到 S_3。可见，供给增加表现为供给曲线向右移动，供给减少表现为供给曲线向左移动。

💬 **课堂讨论**

当发生以下情况时，共享单车的供给或供给量会发生什么变化？供给曲线如何移动？

（1）共享单车租金和押金价格上涨；
（2）生产共享单车的原材料价格大幅度上涨；
（3）共享单车企业预期未来共享单车的市场会增加。

📝 **笔记**：

_____
_____
_____
_____

💬 **提示**：

（1）商品自身的价格上涨，供给增加，表现为在一条既定的供给曲线上点的位置向上移动；
（2）生产要素价格上升，供给减少，表现为整条供给曲线向左移动；
（3）生产者预期增加，供给增加，表现为整条供给曲线向右移动。

第三节　均衡价格及其应用

假定今天某水果市场上草莓的价格是 14 元/千克，这个价格为什么不是 13 元/千克，也不是 11 元/千克？那草莓 14 元/千克的价格是由种植草莓的果农决定的，还是由购买草莓的消费者决定的呢？其实，草莓的价格是由需求与供给这两种力量决定的，是在市场竞争中自发形成的。这一节我们就来分析均衡价格是如何决定，又是如何变动的。

一、供求关系对价格的影响

需求与供给是市场中两种既相互依存又相互制约的力量，它们对市场价格的影响是不同的，主要有以下两种情况：

1. 供小于求，价格上升

一般而言，当一种商品的供给小于需求时，其价格就会上升。

在经济生活中，某种商品短缺导致价格上涨，有以下几种常见的现象：

(1) 遇到水灾、旱灾等自然灾害。比如，一场特大洪水，冲毁农田，严重影响农业生产，水稻产量锐减，市场上大米供应不足，就会导致大米价格上涨。

(2) 政治动乱、社会灾难、流行性传染病爆发，都有可能导致某种物品供应不足，从而导致价格变动，甚至影响价格的剧烈变动。例如，2003年春季在我国部分地区发生突如其来的"非典"疫情，一时板蓝根冲剂供货奇缺，短期内价格翻了几倍，甚至十几倍，"非典"过后，其价格又急剧回落。

课堂讨论

（一）资料

香港卫生署监测数据显示，香港夏季流感病情已得到明显抑制。在2017年5月5日至8月6日期间，香港共录得475宗严重流感个案，造成327人死亡。提前接种了流感疫苗的人群处于较安全境况。流感是人们感染流感病毒后产生的急性呼吸道感染，预防流感最有效的方式是每年接种流感疫苗。

（二）讨论

请问香港发生的夏季流感病情会对流感疫苗产生什么影响？

笔记：

_____

_____

_____

_____

(3) 一种技术含量高、性能优越的新产品问世，受到市场的欢迎，但供货不足，此时，新产品的价格往往居高不下。价格高，产品受欢迎，企业必定愿意增加产量，继续供给。例如，我国彩电市场、手机市场上高科技产品层出不穷，都曾先后出现过以上情况。

2. 供大于求，价格下降

一般而言，当一种商品的供给大于需求时，其价格就会下降。

在现实的经济生活中，某种物品过剩导致价格下降，有以下几种常见的现象：

(1) 一种新的产品问世，往往包含更多的高科技，或其性能、质量等更具有竞争力，就会冲击和影响原有的产品，市场需求减少，产品积压，库存增多。例如：随着手机市场的扩展，曾经风靡一时的BP机（无线寻呼机）市场日益萎缩，产品过剩，价格下跌，直至退出市场；曾深受大家喜爱的"小灵通"也在2009年开始退市，完成了自己的历史使命。

（2）从19世纪初开始，每隔若干年，在主要资本主义国家，就要爆发一次经济危机。经济危机是指资本主义在经济发展过程中周期性爆发的生产过剩的危机。在危机爆发时，产品大量积压，大批工厂减产或停工，金融企业倒闭，失业人口剧增，价格下跌，大批商品被销毁，整个社会经济生活一片混乱。这种现象，是生产过剩在社会经济生活各个方面的表现。

（3）遇到风调雨顺的好年景，农业获得大丰收，也往往出现农产品过剩、价格下跌的现象。这就是经济学中所谓的"丰收悖论"，丰产不丰收。

二、均衡价格的形成

1. 均衡价格的含义

在经济学中，均衡是指经济中各种对立的、变动着的力量处于一种力量相当、相对静止、不再变动的状态。均衡最直观的例子就是我们经常看到的拔河比赛。均衡是经济学中非常重要和广泛应用的概念。

均衡价格是指一种商品需求量与供给量相等时的价格。这时该商品的需求价格与供给价格相等，该商品的需求量与供给量相等，称为均衡数量。

如图2-6所示：需求曲线D与供给曲线S相交于E。在E点就实现了均衡，E点所对应的价格P_E即为均衡价格，E点所应的产量Q_E即为均衡产量。

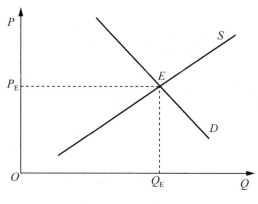

图2-6　均衡价格

2. 均衡价格的形成

均衡价格是在市场上供求双方的竞争过程中自发形成的，均衡价格的形成就是价格决定的过程。下面用表2-5来说明均衡价格形成的过程。

我们假定市场上有一个草莓销售者，他先报出草莓的价格为16元/千克。这时需求量为70千克，而供给量为110千克，供给量大于需求量，草莓卖不出去，必然降价。他再报出草莓的价格为12元/千克，这时需求量为110千克，而供给量只有70千克，需求量大于供给量，必然提价。这位草莓销售者经多次报价之后，最终会叫到14元/千克。这时需求量为90千克，供给量也是90千克，供给等于需求，于是就得出均衡价格为14元、均衡数量为90千克。换句话说，市场上自发进行的竞争过程决定了草莓的价格为14元/千克。这是供求双方都可以接受的价格，也就是均衡价格。

表 2-5　均衡价格的形成

	价格（元/千克）	需求量（千克）	供给量（千克）	价格变动趋势
a	12	110	70	向上
b	13	100	80	
c	14	90	90	均衡
d	15	80	100	向下
e	16	70	110	

我们还可以通过图 2-7 来说明均衡价格的形成过程。

在图 2-7 中，如果草莓的价格为 16 元/千克，需求量为 70 千克，供给量为 110 千克，供给大于需求（图中的 $f-g$ 过剩部分），草莓的价格必然按箭头所示的方向向下移动。如果价格为 12 元/千克，则需求量为 110 千克，供给量为 70 千克，供给小于需求（图中的 $h-k$ 短缺部分），价格必然按箭头所示的方向向上移动。这种一涨一跌的现象会一直持续下去，直至最终达到 14 元/千克时为止。因为此时供给与需求相等，达到了均衡状态。这样，14 元/千克就是均衡价格。

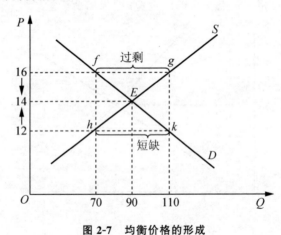

图 2-7　均衡价格的形成

扩展阅读 2-6

用数学方法求均衡价格

可以用数学方程式来表示均衡价格的决定。

根据扩展阅读 2-2 及扩展阅读 2-4，草莓的需求与供给的函数式分别为：

$$Q_D = 230 - 10P$$
$$Q_S = -50 + 10P$$

> **思考：**
> 应如何求均衡价格和均衡产量？

> **笔记：**
>
>
>
>

扩展阅读 2-7

鸡蛋价格暴跌暴涨 "催泪蛋"变身"火箭蛋"

2017年上半年，受供过于求的影响，全国鸡蛋市场上演了罕见的"过山车"式行情。鸡蛋价格从年初就一路走低，最低时跌至2元/斤左右，创下了十年来的蛋价最低纪录。

作为全国养鸡第一大省的山东，上半年当地鸡蛋零售价格持续低迷，而人工与饲料成本却是不断攀升，一斤鸡蛋的成本在3元左右，蛋价最低时一斤鸡蛋就亏损一块钱。鸡蛋俨然成了养殖户的"催泪蛋"，经不起巨额亏损的养殖户纷纷改做他行。

可随着弃养的养殖户越来越多，致使鸡蛋供给大幅减少，鸡蛋价格从6月开始悄然回升。其中，河南郑州地区鸡蛋收购价格从6月1日的1.91元/斤涨至6月20日的2.88元/斤。7月底8月初，全国各地鸡蛋价格普遍重回每斤4元时代。到了9月，全国许多城市鸡蛋价格已突破5元/斤大关。鸡蛋价格从2元/斤到5元/斤，仅仅用了3个月时间，鸡蛋市场罕见的暴涨暴跌行情冲击着相关行业。

从鸡蛋价格的暴跌暴涨，我们可以看到，商品的价格要受市场供求的影响，有时甚至会出现价格背离价值的现象。价格调节供求，市场竞争的最终结果将使得鸡蛋价格更加合理化，供求更加趋于平衡。

（资料来源：种昂.鸡蛋价格暴跌暴涨"催泪蛋"变身"火箭蛋".经济观察报网，https://baijiahao.baidu.com/s? id＝15779504296670640410＆wfr＝spider＆for＝pc，上网时间：2018年11月24日）

三、需求和供给的变动对均衡价格的影响

均衡价格和均衡数量取决于供给与需求，供给和需求变动了，均衡点也随之改变，从而产生新的均衡。下面我们来分析供给与需求的变动对均衡价格的影响。

1. 供给不变，需求变动对均衡价格的影响

需求变动是指在价格不变的情况下，影响需求的其他因素变动所引起的变动，这种变动在图形上表现为需求曲线的平行移动。需求变动分为需求增加与需求减少两种情况。

(1) 需求增加的情况。

假设科学研究证明"多吃草莓使人体内的营养更加均衡",这项研究将如何影响草莓市场呢?如图 2-8 所示,由于多吃草莓使人体内的营养更加均衡,刺激了消费者购买更多草莓的愿望,引起草莓的需求增加,所以需求曲线 D 右移到 D_1,原来的均衡点 E_0 就移到了新均衡点 E_1 上,这时均衡价格上升($P_1 > P_0$),均衡数量增加($Q_1 > Q_0$)。这表明,由于需求的增加,均衡价格上升了,均衡数量也增加了。

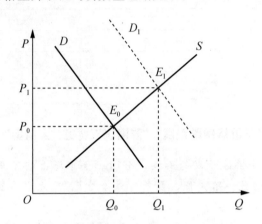

图 2-8 需求增加对市场均衡的影响

(2) 需求减少的情况。

假设有关专家认为草莓对人体的健康可能有负面影响,这将导致消费者对草莓的需求减少。如图 2-9 所示,需求曲线 D_0 会向左移到 D_1,这时均衡价格下降,均衡数量减少。这表明,由于需求的减少,均衡价格下降了,均衡数量减少了。

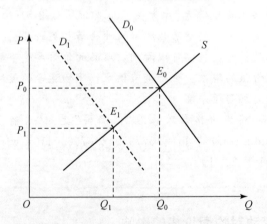

图 2-9 需求减少对市场均衡的影响

所以,在供给不变的情况下:需求增加引起均衡价格上升,需求减少引起均衡价格下降;需求增加引起均衡数量增加,需求减少引起均衡数量减少。

2. 需求不变,供给变动对均衡价格的影响

供给变动是指在价格不变的情况下,影响供给的其他因素变动所引起的变动。这种变

动在图形上表现为供给曲线的平行移动。供给变动分为供给增加和供给减少两种情况。

(1) 供给增加的情况。

假设培育出一种杂交草莓，长得像苹果那么大，这项发明将如何影响草莓所在的水果市场呢？如图 2-10 所示，由于新技术使草莓的生产能力大大提高，无疑将增加草莓的供给，所以供给曲线 S 右移到 S_1，原来的均衡点 E_0 就移到了新均衡点 E_1 上，这时均衡价格下降（$P_1<P_0$），均衡数量增加（$Q_1>Q_0$）。这表明，由于供给的增加，均衡价格下降了，均衡数量增加了。

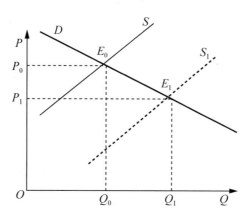

图 2-10　供给变动对市场均衡的影响

(2) 供给减少的情况。

假设草莓生产要素的价格上升导致种植草莓的成本提高，使草莓的供给减少，进而使得草莓的供给曲线向左平移，这时均衡价格上升，而均衡数量则减少。这表明，由于供给的减少，均衡价格上升了，均衡数量减少了。

所以，在需求不变的情况下：供给增加引起均衡价格下降，供给减少引起均衡价格上升；供给增加引起均衡数量的增加，供给减少引起均衡数量的减少。

综合以上两种情况，需求、供给的变动对均衡的影响如表 2-6 所示。

表 2-6　需求、供给的变动对均衡的影响

需　求	供　给	均衡价格	均衡数量
↑	—	↑	↑
↓	—	↓	↓
—	↑	↓	↑
—	↓	↑	↓

注：↑和↓分别表示增加和减少；—表示不变。

 课堂讨论

需求与供给同时变动对均衡价格有哪些影响？

（一）资料

需求、供给的变动对均衡价格的影响还有第三种情况，即供求同时变动对均衡价格的影响。这里又具体分为四种情况：

（1）供给增加，需求增加；

（2）供给增加，需求减少；

（3）供给减少，需求减少；

（4）供给减少，需求增加。

（二）讨论

假设科学研究"多吃草莓使人体内的营养更加均衡"的证明和能使草莓大得像苹果的杂交草莓的培育技术同时公之于众，那将对草莓所在的水果市场的均衡产生何种影响呢？请画图说明上述情况的发生会引起均衡价格如何变动。

笔记：

2. 供求规律

从以上关于需求与供给的变动对均衡价格的影响的分析可以得出以下结论：

（1）需求的增加引起均衡价格上升，需求的减少引起均衡价格下降；

（2）需求的增加引起均衡数量增加，需求的减少引起均衡数量减少；

（3）供给的增加引起均衡价格下降，供给的减少引起均衡价格上升；

（4）供给的增加引起均衡数量增加，供给的减少引起均衡数量减少。

也就是说：均衡价格和均衡数量与需求呈同方向变动的关系；均衡价格与供给呈反方向变动的关系，而均衡数量与供给呈同方向变动的关系。

这就是经济学中的供求规律。供求规律是我们分析经济现象的重要工具。这个工具看起来简单，但能说明许多问题。

扩展阅读 2-8

分析需求变动与供给变动的步骤

在分析某个事件如何影响一个市场时，一般按以下三个步骤来进行：首先，确定该事件是使供给曲线或需求曲线移动，还是在一些情况下使两种曲线都移动；其次，确定曲线是向右移动，还是向左移动；最后，用供求图来考察这种移动如何影响均衡价格和均衡数量。

💡**思考：**

请根据供求规律分析的三个步骤来讨论：以下事件对均衡价格、均衡数量的影响以及它们涉及的是"需求变动"还是"需求量变动"：

（1）天气炎热对西瓜市场的影响；

（2）洪水使种植的西瓜全部受灾及其对市场的影响；

（3）天气炎热和洪水同时发生对西瓜市场的影响。

📝**笔记：**

___

___

___

___

四、均衡价格的应用

1. 支持价格

支持价格是指政府为了支持某一行业或某种商品的生产而专门制定的一种高于均衡价格的最低价格。如图 2-11 所示，草莓的均衡价格为 E_0，政府为支持草莓生产而规定的支持价格为 P_1（高于 P_0）。这样果农在出售草莓时，可以得到较多的收入；然而，由于有支持价格，就有 $Q_A Q_B$ 数量的草莓过剩，这部分过剩的草莓必须由政府按 P_1 价格收购、增加库存或出口。

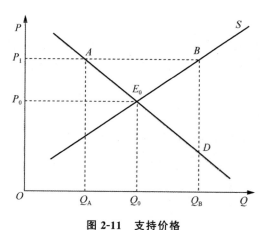

图 2-11 支持价格

许多国家实行的农产品支持价格和最低工资都属于支持价格。就农产品支持价格而言，由于其周期性的生产特点，如果发生自然灾害、经济危机等，那么农民的收入、农业的发展很容易受到影响。长期以来，美国等发达国家对农产品实行支持价格，使他们的农产品在国际市场上非常有竞争力。我国现在对农业实行的粮食最低收购价格实际上也是一种支持价格。

从长期来看，支持价格确实有利于农业的发展。例如：它稳定了农业生产，缓解了自然灾害、经济危机对农业的冲击；通过对不同农产品的不同支持价格，使农业更好地适应市场需求的变动。但这也会出现农产品过剩，不利于市场调节下的农业结构调整，而且过剩的农产品要由政府收购，会使财政支持增加，导致政府背上沉重的包袱。

扩展阅读 2-9

稻谷最低收购价政策

稻谷最低收购价政策是为保护农民利益、保障稻谷市场供应实施的稻谷价格调控政策。一般情况下，稻谷收购价格由市场供求决定，国家在充分发挥市场机制作用的基础上实行宏观调控，必要时由国务院决定对短缺的重点稻谷品种、在稻谷主产区实行最低收购价格。当市场粮价低于国家确定的最低收购价时，国家委托符合一定资质条件的稻谷企业，按国家确定的最低收购价收购农民的稻谷。

为保护农民的利益，防止"谷贱伤农"，2018年国家继续在稻谷主产区实行最低收购价政策。综合考虑稻谷生产成本、市场供求、国内外市场价格和产业发展等各方面因素，经国务院批准，2018年生产的早籼稻、中晚籼稻和粳稻最低收购价格分别为每50公斤120元、126元和130元。

（资料来源：国家发展和改革委员会网站 http://zys.ndrc.gov.cn/xwfb/201802/t20180209_877164.html，上网时间：2018年11月24日）

2. 限制价格

限制价格是指政府为限制某些生活必需品的价格上涨，而对这些产品所规定的最高价格。限制价格一般低于均衡价格，是政府为了保护消费者利益而制定的最高限价。如图2-12所示，煤气的均衡价格为 E_0，这个价格对于低收入者来说太高，无力购买，政府为了使低收入者能买得起而规定的限制价格为 P_1（低于 P_0）。这样，低收入者在购买煤气时可以少付钱，不必担心买不起基本生活必需品。但是由于限制价格，就有 $Q_A Q_B$ 数量的煤气短缺，政府为了保证供应，就得实行凭票定量供应的办法。

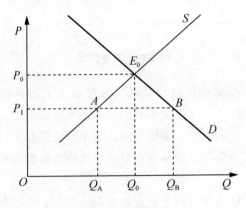

图 2-12 限制价格

限制价格政策一般是在通货膨胀较严重、战争或自然灾害等特殊时期应急使用。例如，我国在计划经济时期，对很多生活必需品都实行限制价格，小到柴、米、油、盐，大到住房，都有补贴。限制价格有利于社会平等的实现，有利于社会的安定。但这种政策不利于刺激生产，从而使产品长期存在短缺现象；同时，由于价格低，不利于抑制需求，从而会在资源缺乏的同时又造成严重的浪费，使本来就短缺的商品更加短缺。因此，限制价格一般是在特殊情况下才采用。

  课堂讨论

（一）资料

限完地价限房价　郑州经开区房子限价 1.7 万元/m²

习近平指出："房子是用来住的、不是用来炒的。"为有效遏制房价过快上涨的势头，各地纷纷出台各种限价政策。例如，2017 年 6 月，河南省住建、国土部门联合发布《关于贯彻落实建房〔2017〕80 号文件加强近期住房及用地供应管理和调控有关工作的通知》要求：郑州市新备案预售商品住房销售均价原则上不高于 2016 年 10 月份周边新建商品住房价格水平。按照这一要求，郑州经开区在推出〔2017〕031 号土地时，把每平方最高 1.7 万元的房屋限价被直接写进了土地出让条件之中，成了除土地"熔断"价格外，限制房价过快上涨的又一重"天花板"。

（二）讨论

请谈谈郑州的限价政策出台后会给郑州的房价带来哪些影响。

笔记：

___

___

___

___

第四节　需求价格弹性及其应用

以上我们从定性的角度分析了商品的需求和供给与价格之间的变动关系，但在现实中，我们还要关注需求、供给与价格之间的数量关系。例如，你经营了一家企业，当你决定将某种产品降价 20% 时，你应能了解该产品的需求量会增加多少。为了考察需求和供给在多大程度上对其影响因素变动的反应程度，经济学引出了"弹性"的概念。

弹性原本是物理学名词，是指一种物体对外部力量的反应程度。在经济学中，弹性是指在经济变量之间存在函数关系时，因变量对自变量变化的反应程度。弹性的大小可用弹性系数 E 来表示，其公式为：

$$E = \frac{因变量变动的百分比}{自变量变动的百分比}$$

其含义是：自变量每变动一个百分点，因变量要变动几个百分点。

弹性有很多种类，一般分为需求弹性和供给弹性。需求弹性又可分为需求价格弹性、需求交叉弹性、需求收入弹性。本节重点介绍需求价格弹性。在本章后面的知识链接 2-1 中简单介绍了需求收入弹性与供给价格弹性。

一、需求价格弹性

1. 需求价格弹性的含义与计算公式

需求价格弹性是指商品价格变动所引起的需求量变动的比率，它反映商品需求量变动对其价格变动反应的敏感程度。它的大小可用弹性系数来表示，需求价格弹性系数（E_d）等于需求量变动的百分比与价格变动的百分比的比值，即：

$$E_d = \frac{\text{需求量变动的百分比}}{\text{价格变动的百分比}} = \frac{\frac{\Delta Q}{Q}}{\frac{\Delta P}{P}} = \frac{\frac{Q_2 - Q_1}{Q_1}}{\frac{P_2 - P_1}{P_1}}$$

式中：E_d 为需求价格弹性系数；ΔQ 为需求变动量；Q 为需求量；ΔP 为价格变动量；P 为价格。

假定草莓的价格从 16 元下降到 8 元，相应地，需求量从 10 个单位增加到 30 个单位，这时需求价格弹性系数为：

$$E_d = \frac{\frac{\Delta Q}{Q}}{\frac{\Delta P}{P}} = \frac{\frac{30-10}{10}}{\frac{8-16}{16}} = -4$$

E_d 为负值表示价格与需求量呈反方向变动。在现实中，为方便起见，一般将负号省略，取其绝对值。这里，E_d 的绝对值为 4，其含义是：价格每下降 1%，会引起需求量上升 4%，或是价格每上升 1%，会引起需求量下降 4%。

2. 需求价格弹性的分类

不同商品的需求弹性是有差异的。例如，生活必需品的需求通常对价格的变动的反应程度微小，而奢侈品对价格的变动则很敏感。根据需求价格弹性的大小，可将商品分为五类，每类商品需求量随价格变动的反应情况如表 2-7 所示。

表 2-7 不同商品需求价格弹性分类表

需求弹性的类型	含义	实例	数值	图形
富有弹性	需求量变化幅度大于价格变化的幅度	汽车、旅游、珠宝	$E_d > 1$	
缺乏弹性	需求量变化幅度小于价格变化的幅度	食物、衣服、农产品、住房、饮料、保险	$E_d < 1$	

续表

需求弹性的类型	含 义	实 例	数 值	图 形
单位弹性	需求量变化幅度等于价格变化的幅度	报纸	$E_d=1$	
完全无弹性	无论价格如何变化，需求量都不变	丧葬用品、胰岛素、自来水	$E_d=0$	
完全有弹性	当价格为既定时，需求量无限	黄金	$E_d \to \infty$	

(1) 需求富有弹性。

需求富有弹性的商品，$E_d>1$。需求曲线是一条比较平坦的线，表示需求量变化幅度大于价格变化幅度，如价格变动10%，引起需求量变动30%。例如，关于手机话费，几乎所有的运营商都采用非常接近的价格标准。因为假如其中一家运营商提价，它的客户就会转向其他话费相对便宜的运营商。汽车、珠宝、奢侈品、国外旅游等都属于需求富有弹性的商品。

(2) 需求缺乏弹性。

需求缺乏弹性的商品，$E_d<1$。需求曲线是一条比较陡峭的线，表示需求量变化幅度小于价格变化幅度。例如，石油输出国组织（OPEC）1960年成立以来限制石油供应，导致1973—1974年石油的价格上涨了4倍。由于石油需求弹性很小，此次涨价导致消费者支出增加，生产者收入增加。一般认为，生活必需品，如食物、衣服、住房、饮料等属于需求缺乏弹性的商品。

(3) 需求单位弹性。

需求单位弹性的商品，$E_d=1$。需求曲线是一条正双曲线，表示需求量变化幅度等于价格变化幅度，如价格变动10%，需求量也变动10%。在现实生活中，很难找到弹性系数恰好等于1的商品。过去，有学者把报纸视为需求单位弹性的商品。

(4) 需求完全无弹性。

需求完全无弹性的商品，$E_d=0$。需求曲线是一条与横轴垂直的线，表示无论价格如何变动，需求量都不改变。例如，像胰岛素这类特殊的药品，对于糖尿病患者至关重要，无论价格如何上涨或下跌，他们一般都不会改变购买量。此外，丧葬用品、自来水等，可近似地看作是完全无弹性的商品。

(5) 需求完全有弹性。

需求完全有弹性的商品，$E_d \to \infty$。需求曲线是一条与横轴平行的线，表示价格既定时,需求量是无限的,或者说对于价格的微小变动,需求量出现了无限大的反应。例如,银行以一个固定价格收购黄金,不论有多少黄金都按此价格收购,则银行对黄金的需求是无限的。此外,战争时期对常规军用物资等的需求也可视作是无限的。

严格地说,需求单位弹性、需求完全无弹性和需求完全有弹性这三种类型都是理论上的假设,在现实生活中是非常罕见的。在现实生活中,绝大多数商品的需求弹性属于需求富有弹性和需求缺乏弹性这两种类型。

扩展阅读 2-10

为什么钻石总比水值钱

在经济学史上,"钻石和水"的例子非常著名,它曾在相当长的一段时间内困扰着经济学界。物品之所以成为商品,并不是它自身具有多大的价值,而主要在于它是否有一定的需求与供给。

商品价格是由需求与供给两个方面来共同决定的。尽管水的需求是巨大的,而且是必需的,但是,因为水的供给也很巨大,只要其生产者具备一定的技术与资金,就可以向市场供水。如此一来,较小的需求价格弹性与较大的供给价格弹性,二者共同作用的结果就是水的市场价格非常便宜。

而钻石作为一种奢侈性消费品,正因它对人们而言是可有可无的,因此其需求价格弹性非常大,即人们对价格十分敏感。价格略微提高一点,人们也许就会放弃这种需求。同时,由于钻石在地球上的储藏量少以及开采难度大,其供给也相对有限,因而供给的价格弹性非常小。因此,极大的需求价格与极小的供给价格弹性共同作用,就促使钻石的市场价格非常昂贵。

二、影响需求价格弹性的因素

商品的需求价格弹性存在着差异,特别是在消费品商品的需求价格弹性方面,如表 2-8 所示,人们做了大量的测算工作。

表 2-8 若干商品测算的需求价格弹性

商　品	价格弹性
居民用电	0.13
客车旅行	0.20
医疗保险	0.31
香烟	0.51
鞋	0.70

续表

商　品	价格弹性
电影	0.87
家具	1.0
出租车服务	1.2
青豆	2.8
西红柿	4.6

不同商品的需求价格弹性不同，影响需求价格弹性大小的主要因素有以下几种：

1. 消费者对某种商品的需求程度

一般而言，消费者对生活必需品的需求强度大，受价格的影响较小，因而需求弹性小。而且越是生活必需的，其需求弹性越小。例如，食物、日用家电、医疗服务、学生教材等生活必需品的需求价格弹性就小。

而消费者对奢侈品的需求强度小，受价格变化的影响较大，因而需求弹性大。例如，出国度假旅行、新款高档轿车、贵重首饰、豪宅、游艇等奢侈品，基本上属于"锦上添花"的商品，因此，其需求价格弹性较大。

2. 商品的可替代程度

一般而言，某种商品的可替代品越多，可替代程度就越高，需求价格弹性则越大；反之，需求价格弹性则越小。这是因为，商品的价格上升时，消费者会购买其替代品，而价格下降时，消费者会多购买该商品而取代其替代品。例如，在水果市场，由于相近的替代品较多，草莓的需求弹性就比较大；因为食盐没有很好的替代品，食盐价格的变化所引起的需求量的变化几乎为零，所以食盐的需求价格弹性是很小的。

3. 商品在家庭支出中所占的比例

如果商品消费支出占消费者收入的比重小，商品价格变动对需求的影响就小，需求价格弹性就小，如毛巾、香皂、牙膏之类的商品；而消费支出占消费者收入比重大的商品，如住房、空调、珠宝之类的商品，价格变动对需求的影响大，其需求弹性也大。

三、需求价格弹性的应用

需求价格弹性的一个重要应用是，它有助于解释商品价格上涨或下跌对总收入的影响。

分析需求价格弹性，不仅可以使消费者了解需求量与价格变化的规律性，而且可以使企业运用这些规律来确定商品的销售价格、销售策略，从而促进经济的发展。运用需求价格弹性可以把商品简单地分为宜"薄利多销"商品与宜"提价销售"商品两类。

为了方便分析，需要了解一下总收益的概念：总收益是指企业出售一定量产品所得到的全部收入，也就是商品销售量与其价格的乘积，其公式为：

$$TR = P \times Q$$

式中：TR 代表总收益；Q 代表与需求量相一致的销售量。

假设需求量就是销售量，不同的商品，其需求弹性不同，价格变动引起的销售量（需求量）的变动不同，从而总收益的变动也就不同。

1. 宜"薄利多销"商品

这种商品是富有弹性的，可以通过降价实现总收入增加。

[例1] 假定某品牌老年人手机（以下简称手机）的需求富有弹性，且 $E_d=2$，每台手机的价格为 500 元，销售量为 100 台，这时总收益：

$$TR_1 = 500 \times 100 = 50\,000 \text{（元）}$$

[例2] 若每台手机的价格下降幅度为 10%，请问总收益会如何变化？

分析：如果每台手机的价格下降幅度为 10%，则其价格从 500 元下降到 450 元，由于 $E_d=2$，将已知条件带入弹性 E_d 的计算公式，可得销售量增加到 120 台。

这时总收益：

$$TR_2 = 450 \times 120 = 54\,000 \text{（元）}$$

两者比较，$TR_2 - TR_1 = 4000$（元），虽然后者每台手机的价格下降了，但总收益却增加了 4000 元。

[例3] 如果例1中手机的价格提高 10%，那么手机的总收益会如何变化？

分析：$E_d=2$，手机的价格上升 10%，则其销售量会减少 20%。

这时总收益是：

$$TR_3 = 550 \times 80 = 44\,000 \text{（元）}$$

两者比较，$TR_3 - TR_1 = -6000$（元）。虽然后者每台手机的价格提高了，但由于需求富有弹性，导致需求量减少，以至于需求量减少的比例大于价格上升的比例，使总收益减少了 6000 元。

通过上述分析，可得出这样一个结论：需求富有弹性的商品，它的价格与总收益呈反方向变动。价格上升，导致商品需求量减少，价格上升的比率小于需求量减少的比率，总收益减少；价格下降，导致商品需求量增加，商品需求量增加的比率大于价格下降的比率，总收益增加。这就是人们对于需求富有弹性的商品可以实行"薄利多销"的原因所在。对于这类商品，企业应该适当降价，扩大销售量来增加总收入。

2. 宜"提价销售"商品

这种商品是缺乏弹性的，可以通过提价实现总收入增加。

[例4] 假定面粉的需求弹性为 $E_d=0.5$，每千克面粉的价格为 2 元，销售量为 100 千克，这时总收益是：

$$TR_1 = 2 \times 100 = 200 \text{（元）}$$

[例5] 如果面粉的价格下降 10%，总收益会如何变化？

分析：由于 $E_d=0.5$，面粉价格下降 10%，销售量则上升 5%。

这时总收益：

$$TR_2 = 1.80 \times 105 = 189 \text{（元）}$$

两者比较，$TR_2 - TR_1 = -11$（元）。虽然后者每千克面粉的价格下降了，但总收益并未增加，反而减少了 11.00 元。

[例6] 在例4中，若每千克面粉的价格上升10%，那么面粉的总收益又会如何变化？

分析：由于$E_d=0.5$，面粉价格上升10%，销售量则下降5%。

这时总收益：
$$TR_3=2.20\times95=209（元）$$

两相比较，$TR_3-TR_1=9$（元）。虽然后者每千克面粉的价格上升了，但总收益并未减少，反而增加了9元。

通过上述分析，可得出这样一个结论：需求缺乏弹性的商品，其价格与总收益呈同方向变动。价格下降，导致需求量增加，但需求量增加的比率小于价格下降的比率，总收益减少；价格上升，导致需求量减少，需求量减少的比值小于价格上升的比值，总收益增加。

这种商品是缺乏弹性的，可以通过提价实现总收入增加。它可以说明"谷贱伤农"，因为谷物是生活必需品，缺乏弹性，丰收后造成谷价下跌，但销售量上升不多，从而总收入减少，影响农民再生产的积极性。政府应对农产品实行支持价格来提高农民收入，进而保护农民的生产积极性。

扩展阅读 2-11

奶农为何要把牛奶倒入田间与河中？

2009年，受金融危机以及欧盟牛奶生产配额的双重影响，欧洲的鲜奶售价只有从前的一半，由此引发多国奶农持续抗议，爆发了此起彼伏的倒奶活动。9月16日，比利时南部地区农民出动大约300台拖拉机，向田里倾倒300万升牛奶。9月18日，法国各地的奶农同时展开"白色日"行动，把近400万升鲜奶泼到了田里。9月19日，法国和德国的奶农向莱茵河中倾倒了大量牛奶。9月21日，比利时、法国、德国、奥地利、荷兰、意大利等国的奶农继续向田里倾倒大量鲜奶。

这与20世纪30年代美国农场主把牛奶倒进密西西比河有着惊人的相似之处。

欧洲牛奶过剩问题，至今尚未解决。2017年1月23日，欧洲奶农又在比利时布鲁塞尔欧盟理事会大楼外喷洒奶粉抗议牛奶市场危机，街道犹如下大雪，大楼变成奶白色。

思考：

奶农为何不将牛奶进行降价促销或送给穷人，而要将其倒掉？

笔记：

提示：

农作物的需求价格弹性一般都比较小，农作物丰收将导致农产品价格下降，进而减少农民的收入。在西方一些国家，有时会在农作物丰收后采取把部分农作物销毁的做法，其目的在于减少供给，稳定农产品价格，减少农民的损失。

本章要点回顾

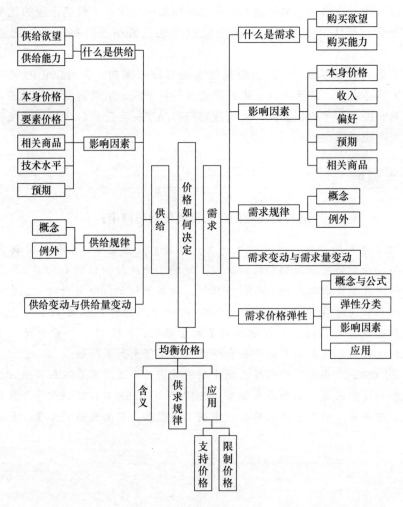

学以致用

一、选择题

1. 需求是指消费者（ ）。

   A. 在每一价格水平上愿意而且能够购买的某种商品量

B. 在市场上能够购买的商品量
C. 实现最大限度满足所需要购买的商品量
D. 在一定价格水平上愿意出售的商品量

2. 经济学上的需求是指人们的（　　）。
   A. 购买欲望　　　　　　　　　　　　B. 购买能力
   C. 购买欲望和购买能力的统一　　　　D. 根据其购买欲望所决定的购买量

3. 需求曲线是表示（　　）。
   A. 需求量与供给之间关系的曲线
   B. 需求量与货币之间关系的曲线
   C. 需求量与价格之间关系的曲线
   D. 需求量与收入之间关系的曲线

4. 在其他条件不变的情况下，当汽油的价格上升时，对汽车的需求将（　　）。
   A. 减少　　　　B. 不变　　　　C. 增加　　　　D. 难以确定

5. 假定咖啡与茶叶互为替代品，在其他条件不变的情况下，当咖啡的价格急剧升高时，对茶叶的需求（　　）。
   A. 减少　　　　B. 不变　　　　C. 增加　　　　D. 难以确定

6. 消费者预期某种物品的价格将来会上升，则对该物品当前的需求（　　）。
   A. 减少　　　　B. 增加　　　　C. 不变　　　　D. 难以确定

7. 需求规律意味着，在其他条件不变的情况下（　　）。
   A. 随着汽车的价格上升，汽车的需求量将增加
   B. 随着汽车的价格上升，汽车的需求量将减少
   C. 随着汽车的价格上升，汽车的需求量仍保持不变
   D. 随着汽车的价格上升，汽车的需求量可能增加，可能减少，也可能不变

8. 在其他条件不变的情况下，牛奶价格下降将导致牛奶的（　　）。
   A. 需求增加　　B. 需求减少　　C. 需求量减少　　D. 需求量增加

9. 需求曲线向右下方倾斜，表示当一种商品价格上升时，需求量（　　）。
   A. 上升　　　　　　　　　　　　　　B. 下降
   C. 不变　　　　　　　　　　　　　　D. 不能确定

10. 需求价格弹性是指（　　）。
    A. 一种商品的需求量变动对另一种商品价格变动的反应程度
    B. 需求量变动对价格变动的反应程度
    C. 价格变动对需求变动的反应程度
    D. 需求量变动对收入变动的反应程度

11. 某种商品的价格变动10%，需求量变动20%，则它的弹性系数为（　　）。
    A. 10%　　　　B. 30%　　　　C. 50%　　　　D. 2

12. 如果一种商品的价格变化5%，需求量因此变动2%，那么该商品的需求（　　）。
    A. 富有弹性　　B. 缺乏弹性　　C. 完全有弹性　　D. 完全无弹性

13. 如果一种商品的需求缺乏弹性，商品价格上升5%，将导致（　　）。
    A. 需求量的增加超过5%　　　　　　B. 需求量的增加小于5%

C. 需求量的减少超过 5%　　　　　　D. 需求量的减少小于 5%

14. 若某商品的需求量下降的百分比大于该商品价格上升的百分比时，则需求价格弹性（　　）。

  A. 大于 1　　　B. 小于 1 大于 0　　　C. 等于 1　　　D. 等于 0

15. 下列商品的需求价格弹性最小的是（　　）。

  A. 小汽车　　　B. 时装　　　C. 食盐　　　D. 化妆品

16. 下列商品的需求价格弹性最大的是（　　）。

  A. 面粉　　　B. 大白菜　　　C. 高档化妆品　　　D. 报纸杂志

二、思考题

1. 为什么旅游业的发展可以带动旅馆、餐饮、交通、娱乐等行业的相应发展？

笔记：

2. 天气炎热、消费者收入增加，以及价格下降可使冰箱的销售量增加。从经济学角度来看，这三种造成销售量增加的因素有什么不同？

笔记：

3. 简要说明需求价格弹性有哪些类型，影响需求弹性的因素有哪些。

笔记：

4. 为什么化妆品可以薄利多销而药品却不行？

笔记：

5. 如何判断一种商品是需求富有弹性,还是需求缺乏弹性?

笔记:

___

三、计算题

某产品的市场需求和供给曲线分别为:$Q_d=200-2P$,$Q_s=40+2P$。如果政府将该产品的价格定为50元,则此时该商品在市场上是供不应求还是供大于求?该产品的均衡价格和均衡数量应该是多少?

笔记:

___

四、案例分析题

第1题

(一) 资料

江门恩平土豆滞销　珠海市民微信义卖万斤

2015年4月,江门恩平土豆迎来大丰收,但由于供过于求,滞销严重,收购价从2014年最高每斤3元下跌至每斤七八毛仍无人问津,一些土豆因此烂在地里。仅恩平一个名为福坪村的地方,就有200多吨土豆滞销。4月8日,珠海市民郭某得知消息后,就在微信朋友圈发出了爱心认购一万斤江门土豆的义卖活动。土豆收购价是8毛钱一斤,即便加上运到珠海的费用一斤也只需一元,远比珠海市面上每斤二三元的土豆零售价低许多。

因为首次采用微信朋友圈义卖,开始郭某对于义卖的效果并不乐观,但市民的反应令他喜出望外。活动8日推出,仅两天时间,网友就通过微信红包、转账等方式认购了8500余斤,另外1500斤则由郭某等三人认购了。

(资料来源:杨亮. 江门恩平土豆滞销,珠海市民微信义卖万斤. 南方都市报网站, http://epaper.oeeee.com/epaper/N/html/2015-04/20/content_63395.htm#article,上网时间:2018年11月24日)

(二) 要求

1. 请从需求与供给的角度分析:为什么土豆的价格会下跌?
2. "爱心土豆"活动是否符合价格机制?
3. 如何用经济学的观点来解释"挂满枝头的果实有多沉,农民的心头就有多沉"?

📝 笔记：

　

　

　

　

第2题

（一） 资料

书店老板的困惑

某学校附近有一家书店，主营中小学教辅及漫画书。每逢该书店降价促销时，漫画书热卖，而教辅书的销售量并未增加多少。今年受纸张原材料上涨因素的影响，书本定价与去年相比有所上升。书店老板李先生发现：书价上涨，漫画书的销售量下降，但教辅书的销售量几乎没变。老板百思不得其解：为何书价下降或上涨会引起漫画书的销售量变动较大，而对教辅书的销售量却没有多少影响呢？

（二） 要求

1. 请分析漫画书和中小学教辅的需求价格弹性系数的大小。
2. 如果你是书店老板，你会采用什么样的价格策略？

📝 笔记：

知识链接 2-1

一、需求收入弹性

（一） 需求收入弹性的含义

对许多产品来说，消费者的收入是决定需求的一个重要因素。任何给定物品的需求不仅受该物品价格的影响，而且受购买者收入的影响。需求收入弹性是指消费者的收入变化的比值所引起的需求量变动的比值，即

$$需求的收入弹性系统(E_m) = \frac{需求量变动的百分比}{收入变动的百分比} = \frac{\Delta Q/Q}{\Delta I/I}$$

式中：Q 代表需求量；ΔQ 代表需求量的变动量；I 代表收入；ΔI 代表收入的变动量。

需求收入弹性是用于衡量物品需求量对于收入的敏感程度的。

（二） 需求收入弹性的分类

需求收入弹性的大小用收入弹性系数来表示。这一弹性系数是需求量变动的百分比与

收入变动的百分比的比值。收入弹性可分为以下三类：

（1）收入弹性系数 $E<1$ 时，需求量的变动幅度大于收入的变动幅度。这类商品主要是高档商品和奢侈品，当人们的收入达到一定水平之后，对这类商品的需求就会明显增加。

（2）收入弹性系数 $0<E<1$ 时，需求量的变动幅度小于收入的变动幅度，但需求与收入成正比例变化，即收入增加需求增加，收入减少需求减少。这类商品多属于生活必需品，当人们的收入增加后，这一类商品会随之而增加。由于消费者所需有限，消费量增加的幅度会比收入增加的幅度少，收入增加幅度越大，这种表现就越明显。

（3）收入弹性系数 $E<0$ 时，即需求量和收入成反比例变化的商品，收入增加而该商品需求反而减少，收入减少需求反而增加。这类商品多属于劣等品。

(三) 影响需求收入弹性的主要因素

影响需求收入弹性的主要因素有以下几种：

（1）该商品被"需要"的程度。在发达国家，人们的收入增加，对昂贵商品的需求增加迅速，对基本商品（如面包）的需求仅有微小增长。这样，汽车和到国外度假的收入弹性很高，而马铃薯和客车旅行等商品或劳务需求的收入弹性很低，有时甚至会出现负数值。对于低档商品而言，随着收入的增加，商品的需求量降低，因而这些商品需求的收入弹性是负数值。

（2）商品对人们欲望的满足程度。消费一种商品，人们的欲望越快得到满足，当收入增加时需求增加的数量就越少。

（3）收入水平。穷人和富人在收入增加时做出的反应是不同的：同样是收入增加，穷人会买更多的黄油，富人仅会多买一点儿。

需求的收入弹性对于企业在考虑产品未来的市场大小时具有重要的意义。如果产品需求的收入弹性很高，国内收入增加时销售量可能迅速增加，但经济衰退时会有显著的下降。

二、供给价格弹性

(一) 供给价格弹性的含义

供给价格弹性又称供给弹性，是指商品价格变动的比率所引起的供给量变动的比值，它代表的是一种商品的供给量对价格变动反应的灵敏程度。供给弹性的大小可以用供给弹性系数来表示，即

$$供给弹性系数(E_s)=\frac{供给量变动百分比}{价格变动百分比}=\frac{\Delta Q/Q}{\Delta P/P}$$

式中：Q 代表原供给量；ΔQ 代表供给量的变动量；P 代表商品原价格；ΔP 代表价格变动量。

例如，某种商品价格上涨为 10%，供给量增加为 20%，则这种商品的供给弹性系数为 2。由于供给量的变化与价格变化方向上是一致的，因此供给弹性均为正数。

(二) 供给价格弹性的分类

如图 2-13 所示，纵轴 P 代表价格，横轴 Q 代表供应量。

（1）$E_s=\infty$，称为供给有无限弹性，也就是说只要价格有微小的上涨。如图 2-13(a) 中，价格从 P_1 上升到 P_2，供给量将从 0 变为无穷大；反过来，如果价格有微小的下调，那么供给量也将为 0，此时的供给曲线往往是一条水平直线。

(2) $E_s>1$，称为供给富有弹性，这说明供给量变动比例超过了价格变动比例，即价格每升高（或降低）1%，将会导致供给量升高（或降低）超过1%。如图2-13(b)中，价格从 P_1 上升到 P_2，价格上升了10%，供给量将从 Q_1 上升到 Q_2 增长了20%。

(3) $E_s=1$，称为供给单位弹性，即供给量与价格变动成同比例，也就是说，价格每升高（或降低1%），将会导致供给量也正好升高（或降低）1%。如图2-13(c)中，价格从 P_1 上升到 P_2，价格上升了10%，供给量将从 Q_1 上升到 Q_2 也增长了10%。

(4) $E_s<1$，称为供给缺乏弹性，即供给量变动比例小于价格变动比例，或者说，价格每升高（或降低）1%，将导致供给量升高（或降低）小于1%。如图2-13(d)中，价格从 P_1 上升到 P_2，价格上升了10%，供给量将从 Q_1 上升到 Q_2 增长了5%。

(5) $E_s=0$，称为供给完全缺乏弹性或零弹性，这说明无论价格是升高或是降低，都不会改变供给量。此时供给曲线往往是一条垂直线。如图2-13(e)中，价格从 P_1 上升到 P_2，价格上升了10%，供给量将从 Q_1 减少为0。

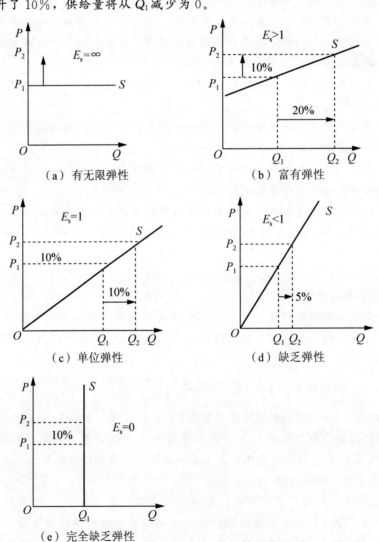

图2-13 供给价格弹性的五种类型

(三) 影响供给价格弹性的因素

影响供给价格弹性的因素有以下几个：

(1) 生产的难易程度。一般而言，在一定时期内，容易生产而且生产周期短的产品，当价格变动时其产量变动的速度快，因而供给价格弹性大；生产不易且生产周期长的产品，则供给价格弹性小。

(2) 生产要素的供给弹性。供给取决于生产的供给，因此，若生产要素的供给弹性大，则产品供给弹性也大。若生产要素的供给弹性小，则产品供给弹性也小。

(3) 生产所采用的技术类型。生产的技术类型主要可以分为资本密集型和劳动密集型两类，前者的供给弹性小，后者的供给弹性大。这是因为，资本密集型产品供给的增加直接受生产设备、技术水平的制约，增加供给并不容易；而劳动密集型产品主要受劳动力投入多少的限制，增加产品供给较为容易。

第三章

消费者如何决策

【知识目标】

- 了解效用的概念
- 理解总效用、边际效用的概念及其相互关系
- 掌握边际效用递减规律

【技能目标】

- 懂得运用边际效用递减规律来分析现实中的一些经济现象

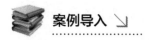
案例导入

娜娜的购衣烦恼

娜娜是忠实的网购一族，她的服装都是在网店打折促销时买来的。某天她在整理衣橱时突然发现：有20多件衣服从没穿过！记得这些衣服是在2月14日、5月20日、6月18日、11月11日、12月12日等时间网购的，但是买了之后就把它们藏进了衣橱，久而久之连自己也忘记了。现在看来，这些衣服既占用了娜娜衣橱的宝贵空间，也浪费了她的金钱。朋友给了娜娜三条建议：

1. 应做个明智的消费者，不要看中了就买，买了之后却没有穿。
2. 看中某件衣服时，不论其多便宜，都应首先问问自己：真的需要吗？真的喜欢吗？真的适合你吗？若未达到这三个标准，请慎重购买。
3. 要学习一点服装搭配技巧，让自己可以用10件衣服搭配出20款样子来，实现效用最大化。

思考：

（1）你有过娜娜这样的感觉吗？
（2）为何你认为一件很好看的衣服（或其他商品），而其他的同学可能并不喜欢？
（3）你认为一个明智的消费者在购物时会考虑哪些因素？
（4）你知道效用的概念吗？你认为消费者消费的目的是什么？

笔记：

第一节　影响消费者选择的几个因素

消费者有各种欲望，这些欲望必须通过消费各种商品才能得到满足。面对琳琅满目的商品，每个人都必须面对这样一个问题：怎样用口袋中有限的钱，买最多自己喜欢的东西，以获得最大的满足程度？如果你留意一下你身边的同学，你就会发现他们的手机、电脑，以及衣服的品牌、款式、颜色各不相同。你到超市，比较一下任意两个购物者的购物车，你会发现不同的人购买的商品组合各不相同。张三会把番茄、苹果、巧克力和牛奶放在他的手推车里，而李四却把饮料、葡萄、花生和饼干放进手推车里。为什么张三没有买石榴和可乐，而李四不买苹果和白菜呢？

为此，我们需要分析影响消费者行为选择的因素。一般而言，影响消费者选择的因素主要有欲望、偏好、商品的价格、预算约束、效用等。

一、欲望

由于每个自然人都依赖外界物品来满足自身的需要，人们对外界物品存在着天生的渴望，人的这种欲望是选择的原动力。在现实生活中，我们常说"人有七情六欲"。这"六欲"就是欲望或需要。就人类而言，欲望是人们为了延续和发展生命，以一定的方式适应生存环境而对客观事物的要求。因此，人的欲望实质上是一种缺乏的感觉和求得满足的愿望。它是一种心理感觉，即人们内心的不足之感与求足之愿的统一。人们之所以愿意购买某种商品，就是因为需要这种商品，从而产生消费欲望。

二、偏好

所谓偏好，就是指消费者在心理上更喜欢购买哪种或哪些物品，也就是指人们通常在产生某种欲望的紧迫感后，通过购买某一种或多种商品或服务而表现出来的一种内在的心理倾向。它具有一定的趋向性和规律性，存在于个体自身内部，是难以直接观察到的。它受社会、心理状况、文化、职业、民族、收入等其他条件的影响。购买食品能满足充饥的欲望，多穿衣服能满足御寒的欲望，看电影能够缓解精神享受的欲望。那到底最后是购买面包还是快餐、棉衣还是羊绒衫，就取决于不同消费者的偏好。对现实的观察也告诉我们：有些人爱喝啤酒，有些人只喝白酒；有些人爱穿T恤、球鞋，有些人则总是西装革履。正如俗话所说："萝卜青菜，各有所爱"。

三、商品的价格

当消费者对某商品有购买欲望时，商品价格的高低就在一定程度上对消费者是否购买起决定作用。一般而言：商品的价格越高，需求量越少；价格越低，需求量越多。

四、预算约束

当消费者偏好的商品价格一定时，最后消费者决定购买哪些商品、购买多少，在一定程度上取决于消费者的口袋里有多少钱。也就是说，消费者不可能随心所欲，要受他的可支配收入影响，或者说要受预算约束。例如，你想购买几件衣服和几双拖鞋，其中衣服的价格 $P_X=100$ 元/件，拖鞋的价格 $P_Y=50$ 元/双，而你只有 500 元。很显然，你不可能随意购买两样商品，衣服的购买多了，拖鞋的购买必然要减少。

扩展阅读 3-1

预 算 线

人们的预算约束可以用预算线来说明，它表示在消费者收入和商品价格既定的条件下，消费者的全部收入所能购买到的两种商品的不同数量的各种组合。消费者预算线表明了消费者行为的限制条件。

假定娜娜的收入为500元（500元是指娜娜的总收入中可拿来消费的部分），用于购买衣服和拖鞋两种商品，其中衣服价格$P_X=100$元/件，拖鞋价格$P_Y=50$元/双。假定用这500元，购买上述衣服与拖鞋，既不超支也不能少用，正好用完，则娜娜的购买行为有以下几种组合方式（如表3-1所示）。

表3-1 预算表

消费可能组合	衣服/件	拖鞋/双
a	0	10
b	1	8
c	2	6
d	3	4
e	4	2
f	5	0

根据表3-1，可以画出图3-1。

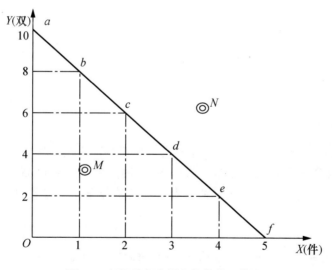

图3-1 娜娜购买衣服和拖鞋的预算线

在图3-1中，X轴代表衣服，Y轴代表拖鞋，连接a、b、c、d、e、f的线就是娜娜的预算线。例如，在a点时表示娜娜买了10双拖鞋，而没有买衣服。预算线上任何一点所购买的衣服与拖鞋的组合正好用完全部的生活费。例如，在b点时，娜娜购买8双拖鞋和1件衣服，正好用完500元（$8\times50+1\times100$）。

> 预算线对娜娜的消费选择限制，它是娜娜可以实现的消费与不可以实现的消费的分界线。在预算线内和线上任何一点时购买衣服和拖鞋的组合都是可以实现的消费，如果娜娜的消费在点 M 处的话，她的钱还没有花完，尚存在一定的购买能力。而在预算线以外的任何一点，如点 N，则衣服和拖鞋的组合都是娜娜无法负担消费的。

思考：

娜娜在500元的预算约束下购买衣服与拖鞋，可以有6种组合，那娜娜会选择哪种组合呢？

笔记：

_____

_____

_____

提示：

消费者消费的目的，在于用一定的钱（预算约束）去购买自己偏好的商品，能获得效用最大化。因此，消费者还要了解效用理论。

五、效用

消费者是理性人，总是试图使自己的收入在购买商品时能获得最大的满足，实现效用最大化。效用是经济学中的一个重要概念，下面我们就来分析一下效用。

1. 效用的含义

效用（Utility）是指消费者从消费某种商品中得到的满足程度。通俗地讲，效用就是我们在消费某一商品时得到的满足感、幸福感。消费者消费某种物品得到的满足程度高就是效用大；反之，就是效用小。如果消费者从消费某种商品中感受到痛苦，则是负效用。效用具有以下两个特征：

（1）主观性。

效用是对欲望的满足，因此，效用和欲望一样是一种心理感觉。某种物品效用的大小没有客观标准，完全取决于消费者在消费某种物品时的主观感受。

例如，一瓶白酒对喜好喝酒的人来说可以有很大的效用，而对不喝酒的人来说则可能毫无效用，甚至有负效用。因此，效用本身既没有客观标准，而且效用的大小取决于每个人的主观评价，很难予以量化。

扩展阅读 3-2

什么东西最好吃？

有一天，大花猫偶遇小白兔，闲来无事便探讨起"世界上什么东西最好吃"的问题。大花猫说："老鼠是世界上最好吃的东西，其肉质细嫩，营养丰富。"小白兔反驳说："你大错特错，萝卜才是世界上最好吃的，它既甜又脆还解渴。"大花猫与小白兔争论不休，谁也说服不了谁。途经此地的老黑猴听到它们的争吵，忍俊不禁，嘲讽道："看来你们的 IQ 不是一般的低，世界上最好吃的东西是什么？是桃子啊！桃子汁多味美、香甜可口。"大花猫和小白兔听了，全都直摇头，原来老黑猴也就这个水平。那么，世界上到底什么东西最好吃呢？

思考：

（1）为什么萝卜对于兔子来说效用很大，但对于猫、猴子来说效用却很小？

（2）为什么兔子、猫、猴子以及你和身边的同学认为世界上最好吃的东西不一样呢？

笔记：

（2）相对性。

效用因人、因时、因地而异。对不同的人而言，同种物品所带来的效用不同，甚至对同一个人而言，同一物品在不同的时间与地点的效用也是不同的。

例如，有一个名叫《傻子地主》的故事：某地闹水灾，洪水吞没了土地和房屋。在一棵大树上，一个地主和一个长工聚集到一起。地主紧抱一盒金条，长工抱着一篮面饼。几天过去，四处仍旧是洪水泛滥。长工饿了就吃几口面饼，地主饿了却只能看着金条发呆。地主舍不得用金条去换面饼，长工也不愿把面饼白送给地主。又过去了几天，大水退去了。长工从树上下来了，而地主却永远留在了树上。这个故事说明效用产生的满足感是因人、因时、因地而不同的。

课堂讨论

请你举出几个自己身边关于效用的主观性和相对性的例子。

笔记：

2. 效用大小的测量方法

效用既然是人的一种主观感受,那么效用能不能测量呢?不同的经济学家对此认识不同,并形成了分析消费者行为的两种理论:基数效用论与序数效用论。

(1) 基数效用论。

基数效用论的基本观点是:效用是可以计量并可加总求和的,也就是说效用的大小可用基数(1、2、3……)来表示,并可加总求和。例如,对某消费者而言,看一场精彩的球赛的效用为20个效用单位,吃一顿麦当劳的效用为8个效用单位,则这两种消费的效用之和为28个效用单位。

基数效用论采用的是边际效用分析法。在19世纪和20世纪初,经济学中普遍使用基数效用概念。

(2) 序数效用论。

序数效用论认为效用无法具体衡量,效用之间的比较只能通过顺序或等级表示,即效用只能用序数表示,用"第一""第二""第三"等来表示商品效用的大小,而不能确切地说出各种商品的效用到底是多少。沿用上面的例子来说明:这位消费者看了一场精彩的球赛,又吃了一顿快餐,他觉得球赛带来的满足程度比麦当劳更大,于是球赛排第一位,快餐排第二位。但他并不能说明或没有必要说明在这两种消费品中,球赛的效用究竟比快餐大多少。

自20世纪30年代至今,经济学中多使用序数效用概念。序数效用论采用无差异曲线分析法。

3. 如何实现效用最大化

消费者用一定的钱去购买一定数量自己偏好的商品,如何才能获得效用最大化?这是一个复杂的问题,需要用基数效用论与序数效用论才能分析清楚。本书建议,对于将来不从事经济理论研究的同学,只需了解本章第二节的"边际效用递减规律"即可。

第二节 边际效用递减规律

本节讲述的边际效用递减规律是基数效用论中的基本分析方法。

一、总效用与边际效用

在运用边际效用分析法分析消费者行为时,首先需要了解两个重要概念:总效用与边际效用。

1. 总效用

总效用(Total Utility)是指消费者从消费一定量的某种物品或劳务中所得到的总的满足程度,以下用 TU 表示。例如,娜娜吃第一个草莓的效用为10,吃第二个草莓的效用为8,吃第三个草莓的效用为6,那么这3个草莓给她带来的总效用是24。

2. 边际效用

边际效用(Marginal Utility)就是指消费者每增加一单位商品的消费所增加的满足程

度,以下用 MU 表示。边际的含义是增量,指自变量增加所引起的因变量增加量。例如,娜娜吃第一个草莓的效用为 10,吃第二个草莓的效用为 8,吃第三个为 6,吃第四个为 4,吃第五个为 2,吃第六个为 0,吃第七个为 -2,则娜娜吃草莓对应的总效用与边际效用如表 3-2 所示。

表 3-2 娜娜吃草莓对应的总效用和边际效用

消费数量(Q)	总效用(TU)	边际效用(MU)
0	0	0
1	10	10
2	18	8
3	24	6
4	28	4
5	30	2
6	30	0
7	28	-2

我们用表 3-2 中娜娜吃草莓的例子来分析总效用与边际效用的关系(如图 3-2、图 3-3 所示),其中横轴 Q 为消费量,纵轴 U 为效用:

① 当 $MU>0$(正数)时,TU 上升;
② 当 $MU=0$ 时,TU 最大,处于上升、下降的拐点;
③ 当 $MU<0$(负数)时,TU 下降。

由图 3-2 可以看出,TU 为总效用曲线,随着消费量的增加,总效用在增加。由图 3-3 可以看出,MU 为边际效用曲线,随着物品消费量的增加,从每增加的一单位消费中得到

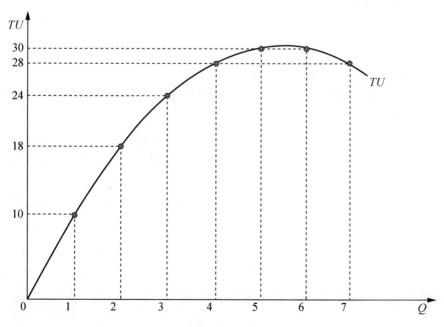

图 3-2 娜娜吃草莓对应的总效用曲线

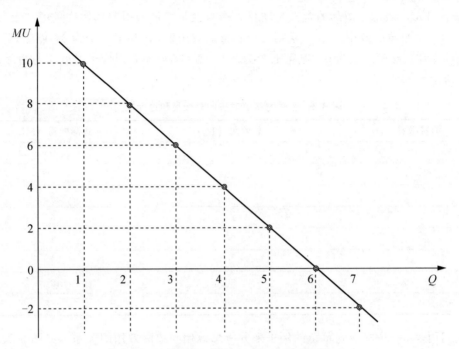

图 3-3 娜娜吃草莓对应的边际效用曲线

的边际效用是递减的。例如，娜娜吃第二个草莓，边际效用为 8，吃第三个草莓，边际效用为 6，……吃第六个草莓，边际效用为 0，吃第七个草莓，边际效用为 －2。这种随物品消费量增加边际效用递减的现象称为边际效用递减规律。

二、边际效用递减规律

边际效用递减规律是指在一定时间内，随着消费者对某种商品消费量的增加，他从增加的商品中所获得的满足程度越来越小，即边际效用是递减的。

边际效用递减规律可以用以下两个理由来解释：

（1）生理或心理的原因。随着相同物品的连续增加，人生理上的满足或心理上的反应减少，从而满足程度降低。

（2）商品本身用途的多样性。每一种物品都有多种用途，这些用途的重要性不同。消费者总是将第一单位的消费品用在最重要的用途上，将第二单位的消费品用在次要的用途上。当他有若干数量这种物品时，把第一单位的消费品用于最重要的用途，其边际效用就大，把第二单位的消费品用于次要用途，其边际效用就小了。以此类推，用途越来越不重要，边际效用就递减了。这样，物品的边际效用随消费品的用途重要性的递减而递减。例如，在仅有少量水的情况下（如在沙漠或航海中），人们十分珍惜地饮用，以维持生命，水的边际效用很大。随着水量的增加，除满足饮用外，还可以用来洗脸、洗澡、洗衣、浇花，水的重要性相对降低，边际效用也相应减小。

课堂讨论

(一) 资料

恋爱、婚姻与边际效用递减规律

行走在烈日炎炎的沙漠之中,当你口渴难耐求助无门时,如果突然有人送给你一杯水,你会非常感激,因为这是救命之水;再给你一杯,你仍然需要,可不会像第一杯那么强烈了;再给你第三杯,你能喝下,只是不那么需要了;再给你第四杯,第五杯……要你喝下,估计你开始感到厌倦甚至反胃了。

男女之间也是一样,无论是在恋爱还是在婚姻中,都不可避免会出现审美疲劳。刚开始谈恋爱时,感觉很新鲜,恋人的眼睛看到的,耳朵听到的,全是最美好的。每一次的约会都是那么令人期盼,多少的渴望,多少的牵挂,多少的激情,都凝聚在那一刻。但时间长了,恋人之间也会产生各种矛盾甚至分手。结婚之后,随着时间的推移,新鲜感不复存在,握着对方的手就像左手握右手。平凡的"柴、米、油、盐"生活容易导致夫妻间审美疲劳,使婚姻失去激情,这是婚姻边际效用递减的典型表现。

(二) 讨论

1. 请用边际效用递减规律解释为什么人们最难忘的是自己的初恋,最难忘的是第一次约会的地点。
2. 请从边际效用递减规律的角度,谈谈如何使爱情之树常青。

笔记:

_____
_____
_____
_____

提示:

保持一颗发现美的心灵,不断发掘对方的优点,提高爱情婚姻的边际效用数值,让爱情、婚姻之树常青。

扩展阅读 3-3

边际效用递减规律给企业经营的启示

消费者购买产品是为了效用最大化,产品的效用越大,消费者愿意支付的价格就越高。边际效用递减规律对企业经营者具有重要的启示意义。

1. 企业经营者要不断研究消费者的心理,迎合消费者的偏好。企业不仅要了解当前的消费热点,发现未来的消费时尚,而且还要善于把握消费者的偏好及其变动,从而及时生产出能满足这种偏好的产品。

> 2. 企业经营者要积极推进产品创新，提高产品的市场竞争力。一般而言，如果企业只连续生产一种产品，它带给消费者的边际效用将不断递减，消费者愿意支付的价格就会越来越低。因此，企业要不断推出能吸引消费者的新产品。
>
> 3. 企业经营者要大力做好广告宣传工作，引导未来消费。随着经济的发展和人们生活水平的提高，人们的消费观念与消费行为正在发生变化，消费者对产品的选择越来越挑剔。广告宣传是企业树立口碑、培育品牌、带旺人气、引导未来时尚的一个重要手段，影响着消费者的偏好与消费。

思考：

在竞争异常激烈的智能手机市场，华为、小米、OPPO和vivo等国产手机品牌强势崛起，不仅在国内市场"翻身"，而且还成功反击，获得世界各国消费者的青睐，成为"中国制造"的一张亮丽的名片。你认为国产手机的成功之处在哪里？

笔记：

第三节　消费者决策的原则

当你看见超市里成百上千种自己想购买的商品时，购买什么、购买多少？你必须考虑各种商品的价格，并在你的购买能力既定时购买到最适合自己的需要的一组物品。

例如，作为大学新生的娜娜，她非常爱美，喜欢买衣服和鞋，她倾向于将每月结余下来的钱全部用于购买衣服和鞋。可是父母每个月只给她1200元生活费，除了伙食费和手机费以外，她就只剩500元。她会如何选择购买自己的衣服和鞋呢？这就是娜娜选择的问题。娜娜在进行选择时应遵循什么原则呢？一般而言，有以下两个原则需要遵循。

一、消费者剩余原则

1. 消费者剩余的概念

消费者剩余是指消费者愿意对某商品支付的最高价格与其实际支付的价格之间的差额。

例如，娜娜想购买一双某品牌的运动鞋，她愿意支付的最高价格是300元，但因为市场供需的原因，该运动鞋的实际市价为250元，那么此时消费者剩余为300－250＝50（元）。下面以娜娜购买运动鞋愿意支付的价格与运动鞋实际价格之间的关系（如表3-3所示）来说明消费者剩余。

表 3-3 消费者剩余表

娜娜愿意支付的价格/元	实际支付的市场价格/元	消费者剩余/元
300	250	50
290	250	40
280	250	30
270	250	20
260	250	10
250	250	0
240	250	−10

当运动鞋的实际价格为 250 元时，若娜娜愿意为这双运动鞋支付的价格为 300 元，这样就有 50 元的消费者剩余；若她愿意为这双运动鞋支付的价格为 290 元，这样就有 40 元的消费者剩余。以此类推，当她愿意支付的价格分别是 280 元、270 元、260 元、250 元、240 元时，其消费者剩余分别为 30 元、20 元、10 元、0 元、−10 元。很显然，消费者希望消费者剩余越多越好，当消费者剩余为 0、−10 时，娜娜可能就不会购买。

需要指出的是，消费者剩余并不是实际收入的增加，只是一种心理感觉，感觉得到预料之外的实惠。这一概念是分析某些经济问题的重要工具。

2. 消费者剩余的启示

消费者剩余并不是实际收入的增加，而是满足程度的增加。这种满足程度也可以用货币单位表示，但只是一种心理感觉。因为消费者对这类物品的效用评价高，愿意付出的价格高，但这类物品的市场价格并不高，所以生活必需品的消费者剩余大。消费者剩余对消费者来说是一种无形的节约，消费者可以少付货币就能得到较多的效用。因此，消费者在做消费选择时的第一个原则就是要有消费者剩余，而且剩余得越多越好。

课堂讨论

（一）资料

消费者剩余

一般来说，在现实的商业行为中都存在两种价格：一种是由收入和偏好决定的消费者价格，另一种是由市场供求关系决定的市场价格。前者遵循着边际效用递减规律，而后者则遵循着供求规律；前者体现了消费者获得的效用之和的总量，后者体现了消费者为获得一定的效用总量所实际支付的货币总量。消费者价格与市场价格之差，就是体现消费者满足感的"消费者剩余"。因此，当消费者以低于消费者价格购买到自己所需的商品时，心里会很舒服，有一种很划算的感觉。当这种"便宜感"很大、很强烈时，消费者的购买行为完全可能再继续下去，直至购买到这种"便宜感"减弱、消失为止。这就是人们会对价格变得便宜的商品自然多买的原因所在。反之，当消费者的购买行为的结果使其大呼上当或感到吃亏时，那一定是失去了"消费者剩余"，从而失去了一种满足感。明白了消费者价格和市场价格之间的关系后，我们就可以解释虚假广告和不法商家雇"托"来害人的"原理"——通过夸大商品的效用或人为制造紧缺感，提高消费者价格，从而增加购买者的"消费者剩余感"，诱发人们的购买行为。

（二）讨论

1. 娜娜很喜欢某一品牌的运动鞋，因实际价格超过她愿意支付的价格300元而一直未能购买。昨天网店搞促销，娜娜只花了200元就买到该运动鞋。请问，娜娜的意愿支付价格是多少？通过购买该品牌运动鞋，娜娜得到了多少消费者剩余？

2. 企业如何利用消费者剩余实现盈利？

笔记：

___

___

___

___

二、消费者均衡原则——效用最大化原则

在娜娜想用500元去购买衣服或拖鞋时，如果一件衣服的价格是100元，一双拖鞋的价格是50元，那么她可以买5件衣服不买鞋，或者买10双鞋不买衣服。当然，她也可以同时买4件衣服2双鞋，或者买1件衣服8双鞋。总体来算，她可以有多种选择的组合。那么，娜娜购买衣服和拖鞋后，如何才能使她的总效用达到最大化呢？这就需要遵守消费者均衡原则。

1. 消费者均衡的概念

消费者均衡是指消费者通过购买各种商品和劳务实现最大效用时，既不想再增加，也不想再减少任何商品购买数量的相对静止状态。

消费者消费的目的是在既定收入下通过购买各种商品和劳务的选择来实现效用最大化。消费者均衡就是表示消费者实现这一目的时的心理满足状态。如果消费者已经达到最满意状况，他不会改变他所购买的各种商品和劳务的数量；如果消费者的消费未能使他的效用最大化，他就会改变消费决策，重新调整购买各种商品和劳务的数量，直到增加的总效用达到最大化为止。

那么，在什么情况下才能使得花费一定量货币所购买的各种商品的总效用达到最大呢？为了回答这个问题，我们假定：

（1）消费者的偏好是给定的，也就是说，消费者对各种消费品的效用和边际效用的评价是既定的；

（2）消费者决定买进各种消费品Q_1，Q_2，Q_3，…，Q_n，价格P_1，P_2，P_3，…，P_n是已知和既定的；

（3）消费者的收入I是既定的，还假定他的收入全部用来购买这几种商品。

于是问题归结为：消费者如何把有限的收入分配到各种消费品的购买支出上才能获得最大的效用？也就是说，各种物品各购买多少才能使买进的Q_1，Q_2，Q_3，…，Q_n提供的效用总和达到最大？

若设各种物品的边际效用为MU_1，MU_2，MU_3，…，MU_n，则消费者均衡的条件为：

$$\begin{cases} P_1 \cdot Q_1 + P_2 \cdot Q_2 + P_3 \cdot Q_3 + \cdots + P_n \cdot Q_n = I \\ \dfrac{MU_1}{P_1} = \dfrac{MU_2}{P_2} = \dfrac{MU_3}{P_3} = \cdots = \dfrac{MU_n}{P_n} \end{cases}$$

上述公式表示，消费者均衡的条件是：各种商品和劳务的边际效用与其价格之比都相等，也就是说，消费者花费每元钱所得到的各种商品和劳务的边际效用都相等。如果消费者花在某种商品上一元钱给他带来的边际效用大于其他商品的边际效用，那么，这还不是消费者均衡状况。这是因为消费者重新调整各种商品的购买数量，比如，增加该商品的购买量，减少其他商品的购买量，将会使他的满足程度增加。

2. 消费者均衡举例

娜娜用 500 元去购买衣服与拖鞋，衣服每件 100 元，拖鞋每双 50 元。设娜娜购买衣服 X 件，购买拖鞋 Y 双。那么，当 X 与 Y 各为多少时，娜娜才能实现效用最大化？

分析：娜娜实现效用最大化的条件是：

$$\begin{cases} 100X + 50Y = 500 \\ \dfrac{\text{衣服的边际效用}}{\text{衣服的单价}} = \dfrac{\text{拖鞋的边际效用}}{\text{拖鞋的单价}} \end{cases} \text{（衣服每元支出的边际效用＝拖鞋每元支出的边际效用）}$$

表 3-4 表明在各种组合时，娜娜用于衣服和拖鞋每元支出的边际效用。

表 3-4 娜娜用于衣服和拖鞋每元支出的边际效用

组合序号	衣服（100 元/件）			拖鞋（50 元/双）		
	数量 X	边际效用	$\dfrac{\text{衣服的边际效用}}{\text{衣服的单价}}$（每元支出的边际效用）	数量 Y	边际效用	$\dfrac{\text{拖鞋的边际效用}}{\text{拖鞋的单价}}$（每元支出的边际效用）
a	0	0		10	200	4
b	1	800	8	8	250	5
c	2	600	6	6	300	6
d	3	500	5	4	600	12
e	4	400	4	2	700	14
f	5	300	3	0	0	

根据表 3-4，当娜娜购买 2 件衣服和 6 双拖鞋时，即在组合 c 时，用于衣服和拖鞋的每元支出的边际效用相等，即为 6。因此，这时娜娜实现了效用最大化，即消费者均衡。

从表 3-4 中还可以看出，用于衣服或拖鞋每元支出的边际效用和边际效用本身一样也是随着衣服或拖鞋的消费量的增加而递减。其原因在于，随着衣服或拖鞋的消费量的增加，从中获得的边际效用递减，而衣服或拖鞋的价格不变，这样，每元支出的边际效用当然就递减了。

3. 消费者均衡的启示

由以上的论述还可以看出，一位消费者为了使有限的收入获得最大效用，就必须合理分配收入，合理购买各种商品和劳务，避免某一种商品购买得太多或某一种商品购买得太少，因为购买得太多或太少都会降低或丧失边际效用，从而不能获得效用最大化。这就是消费者做出消费选择的第二个原则。

扩展阅读 3-4

有趣的消费者剩余和消费者均衡

　　刘大妈是位很会过日子的人，买东西从来都是精打细算。有一天，她带了27元钱去菜市场买菜。她先买了菠菜、黄瓜和西红柿，花了15元钱，又买了黄豆和木耳，花了8元钱。一看钱包里只剩下4元钱了，本来还想买一斤肉，可钱不够了。这怎么办？不能不买肉，儿子一直嚷着要吃肉。刘大妈这时才觉得菠菜、黄瓜和西红柿买多了，于是找卖菜的想退掉一些。买了菜还能退货？好在卖菜的见刘大妈是老顾客，就退了她8元钱的菜。刘大妈于是花12元钱买了一斤肉，心满意足地回家了。

　　我们来分析一下刘大妈的消费活动。刘大妈带的钱是有限的，一共只有27元钱，她必须用这27元钱满足她对各种菜的需要。菠菜、黄瓜和西红柿花了她15元钱，随着购买量的增加，边际效用减少了。想买肉而钱不够了，这时肉的边际效用就增加了。由于每元钱用于购买菜和肉的边际效用并不相等，刘大妈的心理产生了不平衡，所以她想到去退货，以便重新将货币分配在菜和肉的购买上。后来她用退回来的8元钱，再加上剩下的4元钱，购买了12元钱的肉，这样，每元钱用于购买菜和肉的边际效用就相等了，实现了消费者均衡。

本章要点回顾

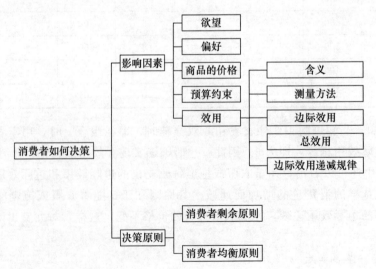

 学以致用

一、选择题

1. "萝卜青菜,各有所爱"体现了效用的（　　）。
   A. 相对性　　　　B. 同一性　　　　C. 客观性　　　　D. 主观性

2. "书到用时方恨少"体现了效用的（　　）。
   A. 相对性　　　　B. 同一性　　　　C. 客观性　　　　D. 主观性

3. 在影响消费者行为的因素中,（　　）使得"甲之砒霜,乙之佳肴"成为可能。
   A. 欲望　　　　B. 偏好　　　　C. 预算约束　　　　D. 价格

4. 根据边际效用递减规律,数量的增加会引起消费者需求的降低,企业为了克服商品销售量的下降,最可采取的措施是（　　）。
   A. 多做广告　　　B. 降低成本　　　C. 产品不断创新　　　D. 促销

5. 随着商品消费量的增加,一般来说,消费者获得的（　　）。
   A. 总效用递减　　　　　　　　　B. 边际效用递减
   C. 边际效用递增　　　　　　　　D. 边际效用不变

6. 如果消费者消费 10 块巧克力获得的总效用是 100 个效用单位,消费 11 块巧克力获得的总效用是 105 个效用单位,则第 11 块巧克力的边际效用是（　　）个效用单位。
   A. 112　　　　B. 100　　　　C. 105　　　　D. 5

7. 消费者剩余是指消费者从商品的消费中得到的（　　）。
   A. 满足程度
   B. 满足程度超过他实际支出的价格部分
   C. 边际效用
   D. 满足程度小于他实际支出的价格部分

8. 当总效用增加时,边际效用应该（　　）。
   A. 为正值,且不断增加
   B. 为正值,且不断减少
   C. 为负值,且不断增加
   D. 为负值,且不断减少

9. 当你消费到第三个某商品时,它给你带来的边际效用为 0,作为理性人的你（　　）。
   A. 应该继续消费这种商品　　　　B. 后悔消费了这种商品
   C. 停止对这种商品的消费　　　　D. 以上都不对

10. 预算线反映了（　　）。
    A. 消费者的收入约束　　　　　B. 消费者的偏好
    C. 消费者的人数　　　　　　　D. 货币的购买力

二、简答题

1. 什么是边际效用递减规律?

2. 边际效用递减规律对企业进行决策有何启示。

笔记：

三、案例分析题

（一）资料

表3-5所示为随着购买数量变化的总效用和边际效用。

表3-5　随着购买数量变化的总效用和边际效用

巧克力的购买数量/块	总效用	边际效用
0	0	
1	15	15
2		10
3	33	
4	40	
5		5
6	48	

（二）要求

1. 请把表3-5中的空格补充完整。

2. "一个理性的消费者在购买衣服时，只会购买一件，因为这一件衣服的边际效用最大。"你同意这个说法吗？请加以解释。

笔记：

第四章

企业如何决策

【知识目标】

- 了解生产、生产要素的概念
- 理解企业的生产目标
- 掌握边际收益递减规律
- 理解规模经济及适度规模的含义
- 了解成本、利润的概念
- 了解市场结构的类型与特点

【技能目标】

- 能用边际收益递减规律、规模经济理论分析现实中的经济问题

案例导入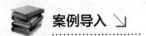

娜娜的选择正确吗？

20××年7月，娜娜大学毕业了，摆在她面前有两个选择：

一是到某外企公司做白领，年收入为6万元；

二是用自家的店面开一间酒吧，年营业收入预计为50万元，每年因此产生的各项成本费用、税收等为41万元。

最后，娜娜选择了第二套方案，因为她认为开酒吧比去做白领所得的收入更高一些。

思考：

(1) 娜娜的选择正确吗？说说你的看法。

(2) 除了店面，娜娜还必须做哪些事才能让酒吧正常运营起来？

(3) 娜娜对酒吧的投入越多，收入就会越多吗？

(4) 娜娜的酒吧开业后会面临什么样的市场竞争？

笔记：

第一节　企业生产及其目标

一、生产

经济活动主要包括两个环节：消费与生产，本章要介绍的是企业的生产过程及相关决策。

在经济学中，生产是指一切能够创造和增加效用的人类活动。生产不仅包括有形的物质产品的生产，如制造一台电脑或一部手机，同时还包括提供各种无形的服务，如提供美容美发、法律咨询、旅游服务等。

生产的主体是厂商，通常称为企业，是在市场上为生产和销售商品或劳务而进行决策经营的营利性组织。企业可以是一个个体生产者，也可以是一家规模巨大的公司。例如，中国的海尔集团是一个企业，学校的小卖店也是一个企业等。

扩展阅读 4-1

企业的组织形式

企业的组织形式通常有三种：个人独资企业、合伙企业和公司制企业。

1. 个人独资企业

个人独资企业也叫单人业主制企业，是指由一个人所有并经营的企业。其特点是所有者和经营者是同一个人，其经营有很大的自由度，只要不违法，如何经营，全由业主自己决定。其缺点是由于个人资金有限，在市场上竞争能力弱，存在寿命短，承担风险大，要对企业债务承担无限责任等。我国很多的个体户和私营企业属于此类企业。

2. 合伙企业

合伙企业是指由两个或两个以上合伙人共同拥有、共同经营的企业。合伙人对整个企业所欠的债务负有无限责任。合伙企业往往内部产权不明晰，责、权、利划分不清，合伙人容易在利益分配和决策方面产生分歧，从而影响企业发展。这类企业主要存在于一些法律规定必须采用合伙制的企业，如会计师事务所、律师事务所等。

3. 公司制企业

公司制企业又称股份制企业，它是由投资者（股东）共同所有，并由职业经理人经营的企业。每个股东拥有股份的数量决定了他在公司的责、权、利。

公司制企业的优点：（1）每个股东仅以自己的股份数量承担有限的责任；（2）公司实行所有权和经营权相分离，由职业经理人实行专业化管理，能有效提高管理效率；（3）公司制企业融资渠道较多，更容易筹集所需资金。

公司制企业的缺点：（1）组建公司的成本更高；（2）存在代理问题。所有者成为委托人，经营者成为代理人，代理人可能为了自身利益而伤害委托人利益。

二、生产要素

生产要素是指生产商品所投入的经济资源。任何生产都需要投入各种不同的生产要素，从这个关系上看，生产也就是把投入变为产出的过程。生产要素包括劳动、资本、土地和企业家才能四类。

劳动（Labor）是指劳动者在生产过程中所提供的劳务，包括体力劳动和脑力劳动，是最基本的生产要素。

资本（Capital）是指生产中所使用的资金，包括无形的人力资本和有形的物质资本。前者是指体现在劳动者身上的身体、文化、技术状态；后者是指在生产过程中使用的各种生产设备，如机器、厂房、工具、仓库等。在生产理论中，我们指的是后一种物质资本。

土地（Land）是指生产中所使用的各种自然资源，是一国的自然禀赋。它不仅包括土地，而且还包括自然状态的矿藏、森林、河山、能源、原料等。

企业家才能（Entrepreneurship）是指企业家的经营管理能力与创新能力，即企业家对整个生产过程的组织与管理能力。在生产相同数量的产品时，可以多用资本少用劳动，也可以多用劳动少用资本。但是，劳动、土地和资本三要素必须予以合理组织，才能充分发挥生产效率，因此，为了进行生产，还需要有企业家将这三种生产要素组织起来。在四类生产要素中，企业家才能特别重要。

扩展阅读 4-2

企业家所具有的特殊精神和特质

1. 企业家是梦想家。企业家对人生都充满梦想与激情，对周围发生的一切有着一颗永无止境的好奇心。他们从不满足于现状，有征服世界、超越他人、成就事业的强烈欲望。

2. 企业家是冒险家。企业家对市场商机有着超人的敏感，具有冒险精神，敢于标新立异，做常人不曾想、他人不敢做的事情。在企业家的眼中，无论何时何地，始终充满商机。

3. 企业家是执着者。企业家具有一种为实现梦想而奋力拼搏的执着精神，对自己的事业充满自信，在挫折面前坚韧不拔、永不放弃。

4. 企业家是创新者。一个企业要想在竞争的旋涡中立于不败之地，就必须创新，创新能力决定竞争能力。企业家是一个创新的族群，创新铸就了企业家的灵魂。

三、生产函数

在一定技术水平下，生产过程中投入的各种不同的生产要素的数量与生产出来的产品数量之间存在着一定的依存关系，即投入一定数量的要素，就会获得一定数量的产出。例如，生产手机的厂商投入劳动、土地、机器、原材料和技术等，经过特定的生产活动，就可以生产出一定数量的手机。投入与产出的这种关系可以用函数形式表示出来，这种函数就是生产函数，它表示在既定技术条件下，生产要素的数量与所能生产出来的最大产量之间的关系。

设 Q 代表产出，L、K、N、E 分别代表劳动、资本、土地、企业家才能这四种生产要素，则生产函数一般形式为：

$$Q = f(L, K, N, E)$$

在分析生产要素与产量的关系时，由于土地是较为固定的，而企业家才能难以测算，因此，一般把生产函数简化为：

$$Q = f(L, K)$$

20世纪30年代初，美国经济学家 P.道格拉斯与 C.柯布根据美国 1899—1922 年的工业生产统计资料，得出了这一时期美国的生产函数（被称为柯布-道格拉斯生产函数）为：

$$Q = 1.01 L^{0.75} K^{0.25}$$

这说明，在生产中，劳动所做出的贡献为全部产量的 3/4，资本为全部产量的 1/4。

四、生产周期

在生产过程中投入的生产要素，有些是较容易改变的，其投入量随着产量的变化而变化，如劳动、原材料等。而厂房、机器设备等固定资产则难以迅速改变，在一定时期内其投入量不随产量的变化而变化。根据生产要素是否可以调整，哪些要素可以调整，经济学里把生产周期划分为长期和短期。在短期和长期划分的基础上，相应地把投入要素分为不变生产要素与可变生产要素。

1. 长期和短期

经济学上所说的"长期""短期"不是指一个具体的时间跨度，而是指企业能否来得及调整全部生产要素的时期。长期是生产者可以根据产量的增减调整全部生产要素投入数量，对生产进行调整的时间周期。短期是指生产者来不及调整全部生产要素投入数量，只能调整部分生产要素投入数量的时间周期。在短期内，生产者能够调整的只有员工人数、原材料等要素，而厂房、机器设备等都只能保持不变。不同的行业，短期和长期的时间长度是不同的。例如，一家汽车厂的长期可能是几年，而一家超市的长期可能只是几周甚至几天。

2. 不变生产要素与可变生产要素

在短期内，投入的生产要素可以分为不变生产要素和可变生产要素。生产者在短期内无法进行数量调整的那部分投入要素是不变生产要素，如机器设备、厂房等；生产者在短期内可以进行数量调整的那部分投入要素是可变生产要素，如劳动、原材料等。

在长期内，生产者可以调整全部的投入要素，比如，生产者根据企业的经营状况，可以缩小或扩大生产规模，也可以加入或退出一个行业的生产，因此不存在可变要素和不变要素的区别。

五、生产目标

企业被假定为合乎理性的经济人。作为消费者的经济人，追求的是自身效用的最大化，而作为生产者的企业，则追求自身利润的最大化。

如果你要办一个企业，无论是做大公司的总经理还是小企业的小老板，一般而言，你在经营活动中要考虑到以下三个问题：

（1）投入的生产要素与产量的关系。即如何在生产要素既定时使产量最大，或者在产量既定时使投入的生产要素最少。

（2）成本与收益的关系。要使利润最大化，就要进行成本-收益分析，就要使扣除成本后的收益达到最大化。

（3）市场问题。市场有各种状态，即竞争与垄断的程度不同，当处于不同的市场时，应该如何确定自己产品的产量与价格。

第二节 企业投入的生产要素与产量的关系

企业的生产过程是一个投入、产出的过程。企业投入的生产要素越多,产量就会越多吗?下面我们就来分析投入的生产要素与产量的关系。由于生产周期分为短期与长期,因此,我们也相应地从短期与长期两种情况来研究投入的生产要素与产量的关系。

一、短期生产中投入的要素与产量的关系

在分析短期生产中投入的生产要素与产量之间的关系时,我们所要研究的问题是:假定资本量不变,劳动量投入的增加对产量的影响;或者假定劳动量不变,资本量投入的增加对产量的影响。

以下假定资本量不变,我们来分析劳动量投入的增加对产量的影响,以及劳动量投入多少最合理。

1. 总产量、边际产量及其相互关系

为了分析一种生产要素变动与产量的关系,需要了解总产量与边际产量的概念。

总产量(Total Product,TP)是指用一定量的某种生产要素所生产出来的全部产量。这时假设其他生产要素的投入数量固定。

边际产量(Marginal Product,MP)是指每增加或减少一单位生产要素的投入量所带来总产量的变化量。

现假定资本量投入不变,那么总产量与边际产量之间存在什么关系?随着劳动投入量的增加,它们又会有怎样的变动趋势呢?下面通过一个例子来分析这些问题。

例如,某印刷厂拥有3台印刷机(资本不变),每台印刷机需要1名工人操作,现正在印刷一批大学教材。

开始只有1名工人时,由于他既要操作印刷机,又必须亲自做许多辅助工作,如搬运原料纸张、油墨等,效率很低,日产量只有13个单位(每个单位为100本)。

当工人数增加到2名时,两个人就可以进行协作,协作可以提高生产效率,总产量提高到30个单位,边际产量为17个单位。

当工人数增加到3名时,可以每人操作一台印刷机,生产效率进一步提高,总产量达到每天50个单位,边际产量为20个单位。

当工人数增加到4名时,总产量达到65个单位,边际产量为15个单位。因为新增的第4名工人可以专做搬运等辅助工作,总产量可以继续增加,但第4名工人增加的产量会少于第3名工人增加的产量。

当工人数增加到5名时,第5名工人可能是个替换工,即当其他工人需要休息或有病时由他来替代。这样,也能增加产量,总产量为67个单位,但边际产量更少了,只有2个单位。

当工人数增加到 6 名时,第 6 名工人则无事可做,增加的产量为 0。

当工人数增加到 7 名时,因为工人太多,一些工人因无活可干或到处闲逛,或与其他工人发生矛盾,而导致总产量减少到 65 个单位,边际产量为 -2 个单位。详细数据如表 4-1 所示。

表 4-1 劳动力投入增加时的边际产量与总产量

劳动量 L(人)	总产量 TP(单位)	边际产量 MP(单位)
0	0	0
1	13	13
2	30	17
3	50	20
4	65	15
5	67	2
6	67	0
7	65	-2

根据表 4-1 所示数据,可以做出短期生产中的总产量与边际产量曲线,如图 4-1 所示。

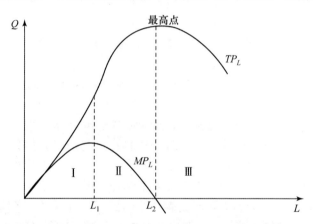

图 4-1 短期生产中的总产量与边际产量曲线

课堂讨论

从表 4-1 与图 4-1 可以看出,总产量与劳动量、边际产量之间存在什么关系?

笔记:

提示：

根据表 4-1 及图 4-1，我们可以看出：

第一，在资本量不变的情况下，随着劳动这一种生产要素的增加，总产量曲线与边际产量曲线都是先上升后下降。

第二，当边际产量 $MP>0$ 时，总产量递增；当边际产量 $MP=0$ 时，总产量达到最大；当边际产量 $MP<0$ 时，总产量就会绝对减少。

2. 边际收益递减规律

边际收益递减规律是指在技术水平不变的情况下，保持其他生产要素投入量不变，只增加其中一种生产要素的投入量，最初这种生产要素的增加会使产量增加，但当它的增加超过一定限度时，边际产量将要递减，最终还会使产量绝对减少。

边际收益递减规律在生活中普遍存在。例如：在一块农田里农民种小麦，不施肥，产量较低；施适量的肥料会使产量增加；但是肥料施得太多，产量又会减少。在工业生产中也如此，劳动力的投入也要适度：劳动力投入适量时，生产效率最高；若投入劳动力太少或者太多，生产效率均会下降。

在理解边际收益递减规律时还要注意以下几点：

（1）边际收益递减规律的前提条件是技术水平不变；若技术水平发生变化，这个规律就不存在。

（2）在其他生产要素不变时，一种生产要素的增加所引起的产出变化可以分为三个阶段：

第 1 阶段（图 4-1 的第Ⅰ区域）：产量递增。即劳动这种可变要素的增加使总产量增加。这是因为，在开始时不变的生产要素没有得到充分利用，这时增加可变的生产要素劳动，可以使不变的生产要素得到充分利用，从而使产量递增。

第 2 阶段（图 4-1 的第Ⅱ区域）：边际产量递减。即劳动这种可变生产要素的增加仍可使总产量增加，但增加的比率，即增加可变的每一单位生产要素的边际产量是递减的。这是因为，在这一阶段，不变生产要素已接近于充分利用，劳动的增加已不能像第 1 阶段那样使产量迅速增加。当劳动的边际产量 $MP=0$ 时，总产量 TP 达到最大。

第 3 阶段（图 4-1 的第Ⅲ区域）：产量绝对减少。边际产量 $MP<0$，即这种劳动的增加使总产量绝对减少。这是因为，这时不变生产要素已经得到充分利用，再增加劳动只会降低生产效率，减少总产量。

从以上分析可以看出，理性决策的企业总是选择第 2 阶段的某一产量，而不会选择第 1 阶段或第 3 阶段。原因是：在第 1 阶段，厂商增加可变要素劳动的投入有利可图，因此它必定会增加劳动投入，因而进入第 2 阶段。在第 3 阶段，厂商增加劳动投入反而会减少产出，因此它必定会减少劳动的投入，从而回到第 2 阶段。厂商究竟选择第 2 阶段的哪一个产量可取得最大利润呢？这要视各企业的具体情况而定。

课堂讨论

（一）资料

娜娜家有一个大菜园，里面种植了水果和蔬菜，以便在当地市场售卖。娜娜说："夏天，我雇用了一个放暑假的大学生帮我，我的产量翻了一番还多。明年夏天，我将雇用两三个帮手，我的产量将增加三四倍还多。"

（二）讨论

1. 如果第二年夏天，娜娜雇用的帮手翻一番，那么她的产量也会翻一番吗？
2. 娜娜雇用的工人越多，其收获就会越大吗？

笔记：

_____
_____
_____
_____

二、长期生产中投入与产量的关系

在长期生产过程中，所有投入要素的数量都发生变化。我们要研究当资本与劳动这两种要素都发生变动时，资本与劳动应如何组合才能在产量既定情况下实现成本最小，或在成本既定情况下获得最大产量。这一问题的解决，涉及经济学中的两个重要规律：规模经济和适度规模。

1. 规模经济

规模经济是指在生产技术不变的条件下，当资本与劳动两种生产要素按同比例增加，即生产规模扩大时，最初这种生产规模扩大会使产量的增加大于生产规模的扩大，但当规模扩大超过一定限度后，则会使产量的增加小于生产规模的扩大，甚至使产量绝对减少，出现规模不经济。

两种生产要素同比例增加所引起的产量变动情况，一般要经历以下三个阶段：

（1）规模收益递增。

电脑生产厂商把劳动和资本都增加100％，电脑产量的增加大于100％，即收益增加的幅度大于规模增加的幅度。

（2）规模收益不变。

在产量增加的幅度大于规模扩大的幅度后，厂商继续扩大生产，产量增加的幅度将会等于生产规模扩大的幅度。例如，上述电脑厂商继续把劳动和资本都再增加100％，产量也增加100％，即收益增加的幅度等于规模增加的幅度。

（3）规模收益递减。

经历了规模收益不变阶段后，如果厂商还继续扩大生产，产量增加的幅度将会小于生产规模扩大的幅度。例如，上述电脑厂商在规模收益不变阶段再把劳动和资本都增加100％，产量的增加将小于100％，即收益增加的幅度小于规模增加的幅度。

产生规模收益递减的主要原因是，当企业的规模变得越来越大时，生产的各个方面难以得到协调，从而降低了生产效率，最终可能导致大企业的规模收益递减。

2. 适度规模

由以上的分析来看，一个企业和一个行业的生产规模不能过小，也不能过大，即要实现适度规模。

适度规模就是使各种生产要素得到最优组合和有效运行，取得最佳的经济效益，如生产规模的扩大正好使收益递增达到最大，当收益递增达到最大时就不再增加生产要素，并使这一生产规模维持下去。但是，对于不同行业的企业，适度规模的大小是不同的，但并没有一个统一的标准。在确定适度规模时，应该考虑以下几个因素：

（1）行业的技术特点。

一般来说，所需要的投资量大、所用的设备复杂、先进的行业，其适度规模也大。例如：冶金、机械、汽车制造、船舶制造等行业，其生产规模越大，经济效益一般也越高；相反，需要投资少、所用设备比较简单的行业，其适度规模就较小，如服装业、餐饮业等，这类行业的生产规模小，能更灵活地适应市场需求的变动，所以适度规模也就小。

（2）市场条件。

一般来说，生产市场需求量大，且生产标准化程度高的产品企业，如汽车企业，其适度规模应该大。相反，生产市场需求小，且生产标准化程度低的产品企业，如餐饮企业，其适度规模也应该小。

（3）自然资源状况。

如矿山储藏量的大小、水力发电站水资源的丰裕程度等都可以反映出自然资源的状况。在确定适度规模时还应考虑的自然资源因素有很多，如交通条件、能源供给、原料供给、政府政策等。

在不同的国家和地区，由于经济发展水平、资源、市场等条件的差异，即使同一行业，规模经济的大小也不完全相同。

课堂讨论

企业到底是"大的是美好的"，还是"小的是美好的"？

笔记：

_____

_____

_____

第三节　成本与利润

一、成本

1. 生产成本

企业的生产成本又称生产费用，是指企业对生产产品或提供劳务时使用的生产要素所应该支付的代价。生产要素包括劳动、资本、土地和企业家才能四种基本形式。企业为获得劳动而支出的费用是工资,为获得资本而支出的费用是利息,为获得土地而支出的费用是地租,为获得企业家才能而支出的费用是正常利润。因此,生产成本是由工资、利息、地租和正常利润四部分组成的。

2. 机会成本

资源是有限的,一种资源可能有多种用途,而各种用途所能取得的收益又不尽相同。当把某种资源用于某一特定用途时,它便失去了用于其他用途可能获得的收益,所放弃的收益中最大的收益就是这一特定用途的机会成本。

例如,娜娜有 10 万元资金,可供选择的用途及获得的收入分别是:开网店获利 3 万元,开书店获利 4 万元,开服装店获利 5 万元。若娜娜选择开网店,就要放弃开书店及服装店的机会;若选择开书店,就必须放弃开网店及服装店的机会。若最终娜娜选择开服装店,则其获利 5 万元的机会成本就是放弃开书店的获利 4 万元(开网店与开书店中获利最大的)。

应注意的是,机会成本不同于实际成本,它不是实际需要支付的成本,而是一种观念上的损失。

在我们做出任何决策时,都要使收益大于或至少等于机会成本,如果机会成本大于收益,则这项决策从经济学的角度来看就是不合理的。这就是说,在做出某项决策时,不能只考虑获利的情况,还要考虑机会成本。只有这样,才能使投资最优化。

扩展阅读 4-3

读高职的机会成本

读高职是有成本的。假定目前每位在校学生三年的学杂费、生活费等各种支出为 6 万元。除了这 6 万元,还有机会成本。为了上大学,要放弃工作的机会。因放弃工作而放弃的工资收入就是上大学的机会成本。

例如,一个人不上大学而去工作,每年可得到 4 万元,三年的机会成本就是 12 万元。读高职的代价就是上大学的费用 6 万元加上机会成本 12 万元,共计 18 万元。那为什么多数人在高中毕业后都会选择上大学呢?通常情况下,普通人通过上大学可提高工作能力,从而获得更高的收入。假设没上过大学的人,每年收入为 4 万元,自 18 岁工作到 60 岁退休的 42 年中,共计收入 168 万元。读过三年高职的人,一年收入为 6 万元,自 21 岁工作到 60 岁退休,39 年共计收入 234 万元。上大学的人一生总收入比没上大学的高出 66 万元。66 万元减去读高职的费用和机会成本之和 18 万元,等于 48 万元。此外,读了高职后还会有更多的升迁机会,其未来收入还将更高。

当然,也有特殊情况。例如,娜娜有唱歌天赋,若在高中毕业后去唱歌,假定每年可获得 100 万元收入。这样一来,她读三年高职的机会成本就是 300 万元,或高于普通大学生一生的收入。

💡 **思考：**

结合自己的情况分析，你读高职的机会成本是多少？

📝 **笔记：**

_____
_____
_____
_____

3. 显性成本和隐性成本

显性成本也称会计成本，是企业会计账目上作为成本项目记入账上的各项支出费用，是企业在生产要素市场上购买或租用生产要素的实际支出。由于这些成本在账目上是一目了然的，所以称为显性成本。显性成本包括雇用工人支付的工资，从银行取得贷款支付的利息，租用土地支付的地租，购买原材料、燃料、动力以及运输等方面的支出。

隐性成本是指企业使用自有资源所应该支付的费用，但这些费用并没有在企业的会计账目上反映出来，所以称为隐性成本。例如，为了进行生产，一个企业除了雇用一定数量的工人、从银行取得一定数量的贷款和租用一定数量的土地之外（这些均属于显性成本支出），还动用了自己的资金和土地，并派人管理企业。经济学家认为，既然借用了他人的资本需支付利息，租用了他人的土地需支付地租，聘用他人来管理企业需支付工资，那么，同样道理，在这个例子中，当企业使用了自有生产要素时，自己也应该得到报酬。所不同的是，现在企业是自己向自己支付利息、地租和工资。

在经济学中，一般把显性成本和隐性成本之和称为总成本或经济成本。

二、利润

经济学中的利润主要分为会计利润和经济利润。

1. 会计利润

$$会计利润＝总收益－会计成本（显性成本）$$

式中，总收益＝销售量×产品价格

2. 经济利润

$$经济利润＝总收益－经济成本$$
$$＝总收益－（显性成本＋隐性成本）$$
$$＝（总收益－显性成本）－隐性成本$$
$$＝会计利润－隐性成本$$

从上面的公式可以看出：企业的经济利润小于会计利润；企业有会计利润未必有经济利润。企业所追求的最大利润，指的就是最大的经济利润。

第四节　市场结构及其特点

对于一个企业而言，最终决定其利润的，并不是生产多少商品，而是可以销售多少商品，以及以什么样的价格售出。影响企业产品销售量以及价格的，除了消费者对该商品的需求之外，还有整个市场上该商品的供给。这个供给，是由市场上许多同类商品及相关商品的厂商共同决定的。因此，企业在决策的过程中，不能忽略自身所处的市场结构。

这里所说的市场，特指为了买卖某些商品而与其他厂商和个人相联系的一群厂商和个人。商品特质的差异，会使得不同的市场之间也存在着差异，从而形成不同的市场结构。按照市场上厂商的数目、产品性质、进入限制、厂商对价格的影响等因素，把市场结构分为完全竞争市场、完全垄断市场、垄断竞争市场、寡头垄断市场四种。本节主要分析不同市场结构的特点。

一、完全竞争市场

完全竞争又称纯粹竞争，是指一种竞争不受任何阻碍和干扰的一种市场结构。完全竞争市场必须具备以下四个条件：

1. 市场上有大量的厂商和消费者

由于市场上有众多商品的生产者和消费者，无论是生产者的供应量还是消费者的需求量在市场中所占比重都极小，因此，任何一个生产者（或消费者）增加或减少供给量（或需求量），对整个市场来说是微不足道的。这样，无论哪个生产者或消费者都无法决定、影响和控制市场价格，他们只能是市场价格的接受者。

2. 同一行业内不同厂商的产品具有同质性

同一行业内不同厂商产品的同质性，不仅是指商品之间的质量、性能等无差距，还包括在销售条件、包装等方面也是相同的，没有好坏高低之分，厂商之间的产品完全可以互相替代。因此，对消费者而言，购买哪一厂商的产品都是一样的。

3. 厂商进入或退出一个行业是完全自由的

每个厂商都可以按照自己的意愿自由进出某个行业，而没有任何障碍，所有的资源都可以在各行业之间自由流动。厂商总是能够及时进入获利行业，及时退出亏损行业。这样，效率较高的企业可以吸引大量的投入，效率低的企业会被市场淘汰。

4. 每个生产者与消费者都具有完全信息

市场中的每一个生产者和消费者都掌握与自己决策、市场交易相关的全部信息，也就是说，消费者知道商品的真正价格，不会在更高的价格时购买，生产者也不可能以高于现在的价格卖出。厂商对其产品的成本和价格也具有充分的信息，会在最佳的生产规模上从事生产，从而获得最大的经济利益。

显然，在现实的经济中没有一个市场真正满足以上四个条件，通常只是将某些农产品市场看成比较接近的完全竞争市场类型。但是，完全竞争市场作为一个理想经济模式有助于进行不同市场结构的比较。

二、完全垄断市场

完全垄断又称独占、卖方垄断或纯粹垄断，是指一家厂商控制了某种产品全部供给的市场。完全垄断必须符合以下四个条件：

1. 厂商数目唯一，并控制了某种产品的全部供给

完全垄断市场上垄断企业排斥其他的竞争对手，独自控制了一个行业的供给。由于整个行业仅存在唯一的供给者，企业就是行业。

2. 完全垄断企业是市场价格的制定者

由于垄断企业控制了整个行业的供给，也就控制了整个行业的价格，成为价格制定者。

3. 完全垄断企业的产品不存在任何相近的替代品

如果存在相近的替代品，其他企业就可以生产替代品来代替垄断企业的产品，完全垄断企业就不可能成为市场上唯一的供给者。在完全垄断市场上，消费者没有其他的选择。

4. 其他任何厂商进入该行业都极为困难或不可能

完全垄断市场上存在进入障碍，其他的厂商难以参与生产。

完全垄断市场和完全竞争市场一样，都只是一种理论假定，现实中绝大多数产品都具有不同程度的替代性。

三、垄断竞争市场

垄断竞争是指有许多厂商在市场中销售相似但不完全相同的产品。在这种市场中，既具有垄断的因素，又存在着激烈的竞争。因此，它是一种介于完全垄断和完全竞争之间的市场组织形式。

1. 垄断竞争市场的基本特征

（1）市场中存在着较多的厂商。

每一个厂商在市场中的份额都很小，对市场的影响几乎可以忽略不计（这一点与完全竞争相同）。这也意味着单个厂商产量与价格的变动，对整个市场几乎没有影响，对其他厂商也没有影响。

（2）厂商所生产的产品是有差距的。

产品差距是指同类产品价格、外观、性能、质量、构造、颜色、包装、形象、品牌、服务、商标及广告等方面的差距。这些差距可以满足不同消费者的独特偏好。例如，手机的外观设计差异满足了消费者对手机外观的不同偏好。

（3）企业进入或退出该行业都比较容易。

一般来说，垄断竞争企业主要是指日用工业品、手工业、零售业及维修服务业等行业中的企业，这些企业的规模都不太大，因而进出行业的障碍不大。

2. 垄断竞争市场上的企业战略

在垄断竞争市场上，由于产品的相似性，企业之间存在着非常激烈的竞争。但是，由于产品的差异，也使得不同品牌拥有自己忠实的客户群，从而形成小范围内的轻度垄断。因此，对于新产品而言，该商品要在该市场立足，就必须要考虑两个问题：如何从其他成熟企业的手中夺取部分市场、如何培养相对稳定的客户群。

企业间的竞争包括三个方面：价格的竞争、产品的竞争和售后服务的竞争。对于新企业而言，选择价格战通常成本较高，而选择营造产品差异化的竞争模式，以及完善售后服务方面的竞争相对更为有利。

课堂讨论

（一）资料

商务部《中国餐饮行业发展报告2017》显示：2016年，全社会提供正餐、快餐、饮料及冷饮、其他餐饮服务的餐饮业经营单位为365.5万个，从业人数为1846.0万人，比上一年增加5.7%。2016年，全国餐饮收入为35 799亿元，同比增长10.8%。2016年，餐饮百强企业营业收入仅占全国餐饮收入的6.1%，这说明作为市场化程度较高的行业，餐饮产业集中度并不高。

（二）讨论

1. 普通餐厅面对的是一种什么类型的市场？
2. 若让你来筹办一家餐厅，你会重点考虑哪些因素？

笔记：

四、寡头垄断市场

寡头垄断又称寡头，是指少数几个厂商控制了某一行业供给的市场结构。寡头垄断市场被认为是一种较为普遍的市场组织。在现实中很多行业都具有这种特征，如家电、石油、钢铁、电信、航空、汽车制造行业等。

1. 寡头垄断市场的基本特征

（1）厂商规模巨大而数量很少。厂商的数目屈指可数，买者众多，厂商在一定程度上控制产品价格和绝大部分的市场份额。例如：美国汽车市场由通用、福特、克莱斯勒、丰田和本田公司瓜分，零售业主要由沃尔玛、克罗格等几家大企业控制。

(2) 产品差别可有可无。寡头垄断厂商提供的产品可以是相同的,也可以是有差别的。因此,寡头垄断市场可分为无差别寡头垄断市场和有差别寡头垄断市场。

(3) 新厂商存在进入的障碍。其他的厂商无法顺利地进入该行业。由于规模经济或者政府的产业政策等原因,新厂商的进入比较困难。

(4) 各厂商的行为相互影响。单个厂商行为变动的结果具有不确定性。每一个厂商与其对手之间都有着价格和产量变动上的相互影响。那么厂商需要如何决策呢?它们需要考虑与对手博弈可能出现的各种结果。

2. 寡头垄断市场的优点

(1) 可以实现规模经济,从而降低成本、提高经济效益。

(2) 有利于科技进步。各个寡头为了在竞争中获胜,就要提高生产效率,创造新产品,这就成为寡头进行技术创新的动力。

3. 寡头垄断市场的弊端

各个寡头之间如果进行勾结,往往会抬高产品市场价格,消费者的利益和社会经济福利便会受损。

扩展阅读 4-4

2017 年三大运营商平均日赚约 3.65 亿

2017 年,中国移动用户数达 8.87 亿户,营业收入 7405 亿元人民币(下同),净利润 1142.79 亿元。中国电信用户数为 2.5 亿户,营业收入 3662 亿元,净利润 186.17 亿元。中国联通用户数为 2.84 亿户,营业收入 2748 亿元,净利润为 4.3 亿元。

三大运营商营业收入共计 13 815 亿元,净利 1 333.26 亿元,平均日赚约 3.65 亿元。

(资料来源:中国新闻网,http://www.chinanews.com/cj/2018/03-29/8478527.shtml,上网时间:2018 年 11 月 24 日)

思考:

你如何看待三大电信运营商之间的竞争?

笔记:

本章要点回顾

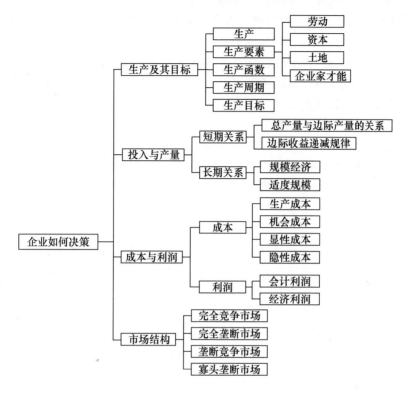

 学以致用

一、选择题

1. 企业追求的目标是（ ）。
   A. 收入最大化　　　　　　　　B. 效用最大化
   C. 利润最大化　　　　　　　　D. 社会收益最大化

2. 以下属于不变生产要素的是（ ）。
   A. 由于生意较好，甲餐馆多雇用了 5 个临时工
   B. 经济形势好转了，乙单位决定为每位职工发 3000 元奖金
   C. 丙公司拥有一辆离报废还有两年的小货车
   D. 丁先生大量收购棉花用来做冬衣

3. 根据边际收益递减规律，当其他生产要素投入不变时，随着对某种生产要素的连续投入，产量会（ ）。
   A. 连续增加　　　　　　　　　B. 连续减少
   C. 先增加后减少　　　　　　　D. 先减少后增加

4. 学校里一块新的停车场地的机会成本是（ ）。
   A. 由此引发的所有费用

B. 用于建造停车场的机器设备的折旧成本

C. 建造停车场支付的劳动薪水

D. 由用于其他用途产生的最大价值决定

5. 下列说法中，哪个选项直接涉及机会成本？（　　）

A. 小张花 5 元钱买了一块巧克力

B. 小李放弃了出国留学的机会到西部山区当了一名小学教师

C. 小王中午吃太饱导致肚子不舒服

D. 小赵的妈妈来学校看他

6. 下列说法中，属于隐性成本的是（　　）。

A. 小张以 200 元的月租租了一间民房当作仓库

B. 小李用借来的 3 万元钱买了个面包车搞货运

C. 小王把家里的客厅整理出来用于经营网吧

D. 小赵工作努力，老板称赞他勤奋能干

7. 关于经济成本与会计成本说法正确的是（　　）。

A. 会计成本包括经济成本　　　　B. 经济成本包括会计成本

C. 经济成本与会计成本并无联系　　D. 以上说法均不正确

8. 关于经济利润与会计利润说法正确的是（　　）。

A. 企业有经济利润就一定有会计利润

B. 企业有会计利润就一定有经济利润

C. 企业不可能同时取得会计利润和经济利润

D. 以上说法均不正确

9. 小麦市场属于（　　）。

A. 完全垄断市场　　　　B. 垄断竞争市场

C. 完全竞争市场　　　　D. 寡头垄断市场

10. 手机市场属于（　　）。

A. 完全垄断市场　　　　B. 垄断竞争市场

C. 完全竞争市场　　　　D. 寡头垄断市场

二、简答题

1. 什么是生产要素？

2. 什么是边际产量递减规律？

3. 什么是规模经济？

4. 某公司准备扩大生产，可供其筹资的方式有两种：一种是利用利率为 10% 的银行存款贷款；另一种是利用企业利润。这家公司经理认为应该选择后者，理由是不用付利息因而比较便宜。你认为他的选择正确吗？为什么？

笔记：

5. 娱乐市场竞争激烈，可是每位歌星、影星都有自己的粉丝群体。你认为娱乐市场属于什么类型的市场结构？根据这一市场特点，你认为歌星、影星应该采取什么样的竞争模式？

📔 笔记：

_____
_____
_____
_____

三、案例分析题

（一）资料

据统计，全球每年智能手机出货量在 10 亿台左右，其中 80% 的手机从配置到外观有着惊人的"雷同"之处。智能手机最重要的性能部件为处理器、显示屏、摄像头、操作系统等。各品牌智能手机的设计，在处理器方面，一般都使用高通、联发科、苹果、华为、三星研发的产品，这占据了 90% 的市场份额。在显示屏方面，一般都使用 IPS 屏幕、LCD 屏幕、AMOLED 屏幕、NOVA 屏幕等。在摄像头方面，一般采用前后各一个、前一个后两个、前后各两个的设计。在操作系统方面，Android 和 iOS 占到了 99% 的市场份额。在手机的外观方面，各品牌手机基本上也像一个模板刻出来的，毫无创新而言。

（资料来源：手机同质化竞争严重，未来方向在哪. 新浪网，http://tech.sina.com.cn/roll/2017-08-12/doc-ifyixipt1192784.shtml，上网时间：2018 年 11 月 24 日）

（二）要求

1. 购买智能手机，你首先考虑什么因素？
2. 智能手机市场竞争激烈，面对苹果、三星等传统强势手机品牌，中国华为、OPPO、vivo、小米、金立等国产手机异军突起。请查询最新资料，分析手机厂商面临什么样的竞争市场，并选择你最熟悉的手机品牌，分析其成功的原因。

📔 笔记：

_____
_____
_____
_____

第五章

市场是万能的吗

【知识目标】 ↘

- 了解市场失灵及其表现形式
- 理解公共物品与外部性的含义
- 理解贫富差距与基尼系数的含义
- 掌握政府干预市场失灵的手段

【技能目标】 ↘

- 能正确分析身边存在的市场失灵现象

第五章 市场是万能的吗

案例导入

幸福村为何不幸福了?

娜娜所在的幸福村有一块公共草地,这里四面环山,曾经苍翠拥绕、碧草青青,最适宜奶牛养殖。在几户村民率先养殖奶牛致富之后,其他村民纷纷效仿,全村人都因为养殖奶牛一起过上了幸福生活。

可是好景不长,三年后,幸福村的村民们遇到一个难题:公共草地能容纳养殖奶牛的最佳数量为1000头,但村民们养殖的奶牛已达到1600头。公共草地上的草料已经不能满足所有奶牛的食物需要。

如何解决这个问题?娜娜的父亲(幸福村村主任)召开村民大会,希望各家各户能减少奶牛数量,使奶牛总量降到1000头。但村民们谁都不愿意减少自家奶牛的数量,同时又都希望别人能减少养牛的数量。

又过了一年,这块公共草地由于长期的超载放牧而不断地被破坏,草地逐渐退化,可供奶牛食用的草料越来越少……到最后竟然长不出青草了。

现在,幸福村不能再养殖奶牛了,幸福村的人不再幸福了。

……

这个故事是根据美国学者哈丁的文章《公地的悲剧》改写而成的。公地作为一项资源有许多拥有者,他们中的每一个人都有使用权,但没有权利阻止其他人使用,从而造成资源过度使用和枯竭。过度砍伐的森林、过度捕捞的渔业资源及污染严重的河流和空气,都是"公地的悲剧"的典型例子。之所以叫悲剧,是因为每个当事人都知道资源将由于过度使用而枯竭,但每个人对阻止事态的继续恶化都感到无能为力,而且都抱着"及时捞一把"的心态加剧事态的恶化。

思考:
(1) 幸福村的"公地的悲剧"为什么会发生?是谁之过?
(2) 你认为应如何解决幸福村"公地的悲剧"问题?
(3) 你知道什么是市场失灵吗?

笔记:

_____
_____
_____
_____

提示:

在正常情况下,通过价格这只"看不见的手"自发调节,可以实现供求平衡,从而达到资源的最优配置。但市场不是万能的,市场也有失灵的时候,上述案例"幸福村为

97

何不幸福了"中的问题就是市场本身无法解决的。对于市场机制在某些领域不能有效起作用的情况，我们称为"市场失灵"（"市场失效"或"市场缺陷"）。市场失灵主要有外部性、公共物品、贫富差距等表现形式，当出现市场失灵时，就需要政府进行干预。

第一节 外 部 性

一、外部性的含义

在现实生活中，经常会出现这样的情况，即某人或某个企业的经济活动给他人带来了利益，这个人或这个企业却没有因此获得报酬；它给别人造成了不利影响，却也没有因此受到相应的惩罚。这种现象就是外部性，也称外部效应。外部性分两种情况：给他人带来利益的是正外部性；给他人造成危害的是负外部性。

外部性可能会发生在任何的经济活动主体之间，主要有以下三种表现形式：

（1）不同企业之间的外部性。例如，有两个企业：一个是食品厂，另一个是水泥厂。水泥厂处于上风位置，食品厂处于下风位置。水泥厂排放到空气中的污染物会影响食品厂的卫生条件，而污染程度取决于水泥的产量或污染物的排放量。

（2）企业与个人之间的外部性。例如，一些化工厂为了节约成本，不使用污水处理设备，直接向河流排放工业废水，使下游居民的生活用水受到影响；一些煤矿被过度开采造成地表破坏，导致附近地面下沉、房体倾斜，直接影响当地生态环境及居住安全，等等。另外，个人的行为也会影响企业的经营活动，如汽车的尾气排放，会影响农场主的柑橘生产和蜂蜜生产等。

（3）个人之间的外部性。例如，个人在公共场合吸烟、随地吐痰、乱丢垃圾，使别人健康受到损害；个人在家外放音响，音量过大，影响邻居的安宁；个人在自家屋旁栽花种草，对自己有利，对他人也有利，等等。

扩展阅读 5-1

雾霾重重何时休

近年来，雾霾天气在一些地区频频出现，既困扰着人们的日常出行，又严重危及人体健康。雾霾在人们毫无防范的时候侵入人体呼吸道和肺叶中，从而引起呼吸系统、心血管系统、血液系统疾病，诸如咽喉炎、肺气肿、哮喘、鼻炎、支气管炎等炎症；人体长期处于这种环境还会诱发肺癌、心肌缺血及损伤。雾霾的源头多种多样，比如汽车尾气、工业排放、建筑扬尘、垃圾焚烧等，雾霾天气通常是多种污染源混合作用形成的。

习近平总书记多次强调，"绝不能以牺牲生态环境为代价换取经济的一时发展"，"既要金山银山，又要绿水青山"。如今，越来越多的地方政府把全面改善生态环境质量摆上突出位置；越来越多的企业主动谋求走绿色发展之路；越来越多的社会公众从身边小事做起，让绿色生活方式成为风尚。在不远的将来，祖国大地上必将呈现一幅天蓝、地绿、水清的动人画卷。

思考：
（1）你身边还存在哪些外部性现象？请举例。
（2）如何解决你身边的外部性问题？你有何建议？

笔记：
___
___
___
___

二、解决外部性的政策措施

由于外部性是市场机制无法解决的，所以只能通过征税等方式去纠正负外部性问题。

对造成负外部性的企业，国家可以通过征税的方式加以解决，其税额应该等于该企业给社会其他成员造成的损失。例如，在生产会造成污染的情况下，政府对污染者征税，税额等于治理污染所需要的费用。这样，企业就会在进行生产决策时把污染的成本也考虑进来。一些发达国家通过向企业征收二氧化硫税、水污染税、噪声税、固体废物税和垃圾税等环境税，以达到让污染者付费的目的。

反之，对造成正外部性的企业，政府则可以采取给予补贴的办法，鼓励企业扩大正外部性。

扩展阅读 5-2

解决负外部性的其他方式——产权明晰化

在很多情况下，外部性之所以会导致资源配置不当是因为产权不明确。所谓产权，是指通过法律界定和维护的人们对财产的所有权和使用权。例如，某湖泊里面有一种非常珍稀且味道鲜美的鱼，市场售价极高。如果产权不明晰，捕鱼的人就会蜂拥而至，乱捕乱捞，用不了几年，该珍稀鱼种的数量就会急剧减少。解决这个问题行之有效的办法就是明晰产权，即由一个或多个人来承包该湖泊的捕鱼作业，承包者就会禁止其他人乱捕乱捞，并设法使该珍稀鱼种的数量维持在一个可持续发展的水平。

第二节 公共物品

一、公共物品的含义

在现实生活中，人们需要消费各种各样的商品和服务，这些商品和服务可以分为私人物品和公共物品两大类。

私人物品是指那些在市场上可以购买到的产品，如衣服、食品、住房、小汽车、书籍、电脑、手机等。私人物品是市场机制、价格机制可以解决的，也就是说市场可以提供私人物品。

公共物品也称为公共产品，是指用于满足社会公共消费需要的物品或劳务，一般指教育、国防、公共卫生、医疗保健、环保、基础设施等。

人的活动具有两重性，即个体性和社会性。作为一个个体的人，我们都需要一定的物品来满足私人需要，如衣、食、住、行等；作为社会的人，我们的生存依赖于社会环境，还需要国防、治安、医疗保健、教育、基础设施、环境卫生等。例如，为了保障国家与人民安全和维护社会秩序，需要有军队、警察、司法等国家机器；为了保证社会经济活动的正常进行，需要有大型的工厂和矿山、大型的水利系统、大规模的商品储运和流通设施，需要有铁路、公路、民航等交通运输网，需要有供电、供气、供水、排水等公共基础设施，需要有四通八达的通信网络；为了满足人民文化生活和健康的需要，需要有学校、医院、博物馆、体育馆、文化宫、影剧院等事业单位和文化设施；为了推动科学技术的进步，保证人类社会的可持续发展，需要有众多科研机构等。上述公共物品的生产或者需要巨额投资，或者需要相当长的时间才能收回投资甚至根本收不回投资，使得任何一个企业或个人都无力提供或不愿意提供。换句话说，市场在提供公共物品方面存在着先天性的不足。

二、公共物品的特征

相对于私人物品而言，公共物品具有消费上的非排他性、非竞争性两个特征。

1. 非排他性

公共物品的非排他性是指对公共物品的消费权和享用权不是归某个人独有，而是由整个社会共同所有。

很显然，私人物品不具备这个特征，私人物品具有排他性，表现为人们必须支付一定的费用才能获得这个物品的所有权或消费权。例如，你在艺术品市场看上某位画家的画作，你想拥有它，就必须花钱去购买；你拥有这幅画作后，别人就不能再同时拥有这幅画作了。一般来说，凡是人们能完整地购买其拥有权或消费权的产品，都具有消费上的排他性，这种物品就是私人物品。

2. 非竞争性

非竞争性是指某种物品即使有人消费了，别人还可以再去消费。换句话说：一部分人对某一物品进行消费，不会影响另一些人对该产品的消费；一些人从这一产品中受益不会影响其他人也从这一产品中受益，受益对象之间不存在利益冲突。例如，某个城市在街道上安装了公共路灯,则人人都有权免费从路灯下走过,而且多一个人或少一个人从路灯下走过,并不会增加或减少路灯照明的成本。

很显然,私人物品不具有这个特征,私人物品具有竞争性。竞争性是指某人已消费某件商品,其他人就不能再消费这件商品了,这件商品的消费就处于竞争状态。例如,你已买下了某位画家的画作,别人就不能拥有并消费了。

由于公共物品具有非排他性和非竞争性,它的需要或消费是公共的,每个消费者都不会自愿掏钱去购买,而是等着他人购买后自己顺便享用它所带来的利益,这就是经济学所称的"搭便车"现象。从一定意义上说,由于"搭便车"问题的存在,公共物品一般应该由政府来提供。

扩展阅读 5-3

"搭便车"现象

"搭便车"现象是由公共物品的非排他性引发的,它是指消费者不管是否付费都可以获得消费利益,使得有些人认为即使不付费也可以获得利益,而付费也未必能获得更多利益,从而尽可能地逃避付费。

例如,泥湾村的公路夜间经常发生交通事故,原因是该村公路的某路段地形复杂且未安装路灯,安装路灯是解决这一问题的唯一途径。为了解决这一问题,该村需要向每位公民收取相关费用。假定该村有1000位村民,平均每人需支付100元。但每个村民对这项公益措施的评价和支付意愿是不一样的,有些人会夸大或缩小这项路灯工程给自己造成的影响。例如,张三曾在路段发生过交通事故,以致每次通过该路段都心惊胆战,害怕再出事故,那么他对这一工程愿意支付的价格可能会比100元更高。李四认为这项工程对自己的影响并不大,则他可能不愿意支付100元,他甚至可能会不承认安装路灯会给自己带来好处而拒不出资。李四这样做的目的是让那些"张三"们为这项工程埋单,他就可以免费享受这条有足够照明的公路了。这种现象我们通常就称为"搭便车"。如果大多数人都有和李四一样的想法,那么该村就筹集不到足够的资金为这条路安装路灯,交通隐患将继续存在。

因此,筹措公共物品的生产费用,通常需要以税收方式强制地进行分摊收取。

三、公共物品的分类

按公共物品是否同时具备非排他性和非竞争性两个特征,可以将其划分为以下两类:

1. 纯公共用品

纯公共物品是指完全具备非排他性和非竞争性的公共物品,例如,国防、社会治安、路灯、公共厕所等是大家都可以享用且不属于任何个人所有的,这些既无竞争性,又无排他性的商品就是纯公共物品。

2. 准公共用品

准公共物品又称混合公共物品,是指具备上述两个特征之一,而另一个特征表现不明显的公共物品。大部分公共物品属于此类,例如学校、公园、体育场、图书馆等。这些本来是任何人都能享受的,但因名额、座位、面积等条件有限,享用权就受到限制。有的就采取先到先坐，额满为止的规则；有的则采取发放许可证（如门票）等办法。由于准公共物品一般不同时具备非排他性与非竞争性，因此，可以一部分由政府提供，一部分由市场提供。对公众影响大的或由政府提供更为有利的商品和劳务则由政府出资，或由政府提供财政补助。

课堂讨论

（一）资料

我国高速公路为何收费？

1988年10月31日，上海至嘉定的沪嘉高速公路建成通车，标志着中国有了首条高速公路。此后，我国高速公路建设突飞猛进，2014年年底突破11万公里，跃居世界第一位。到了2017年年底，全国高速公路总里程已经突破13.65万公里，超过除美国外的其他国家高速公路里程的总和。

一方面，我国的高速公路的发展速度举世瞩目；另一方面，却因为收费而受到各方质疑。除了一些节假日可以免费通行之外，其他时间高速公路都是要收费的。

事实上，世界上没有真正意义上的免费公路，因为公路建设和维护都需要花费大量的资金。纵观世界公路发展筹资来源，主要有两种方式：一种是收费，资金来自过路费；另一种是征税，资金来自专项税收或一般税收。

在亚洲，中国、日本和韩国均依靠收费公路政策建成了全国高速公路网络。意大利、法国和西班牙是欧盟典型的依靠收费公路政策建成高速公路的国家。过去德国高速公路只对12吨以上的卡车收费，2017年年初，德国政府批准一项法律草案，将向使用高速公路的所有车辆收费。与中国靠贷款修路不一样，美国目前已经建成的高速公路基本上靠的是政府税收，在10万公里的高速公路中，只有约1万公里实行收费。

（二）讨论

1. 高速公路是纯公共产品吗？
2. 你如何看待我国高速公路收取通行费的政策？

笔记：

_____
_____
_____
_____

三、公共物品的供给

公共物品的特征决定了公共物品在供应方式上必须由政府主导。政府提供公共物品有两种基本方式：政府直接生产与政府间接生产。

1. 政府直接生产

一般认为，纯公共物品和自然垄断性很高的准公共物品通常采取政府直接生产的方式来提供。例如，邮政服务、电力、航空、铁路、保险业、中小学、医院、警察局、消防、煤电供应、图书馆等都由政府提供。

2. 政府间接生产

政府间接生产公共物品是指政府利用预算安排和政策安排形成经济刺激，引导私人企

业参与公共物品生产。政府间接生产公共物品主要有以下四种方式:

(1) 政府与私人企业签订生产合同。公共物品并不一定都由政府直接生产,有时由政府购入私人物品,然后向市场提供。适用于这种方式的主要是具有规模经济效益的自然垄断性行业,包括基础设施,它们在收费方面没有太大的困难。

(2) 授权经营。这种方式适合于提供那些正外部性明显的公共物品,如自来水供应、电话、供电、广播电台、航海灯塔等。

(3) 政府经济资助。它主要适用于那些营利性不高或者只有在未来才能营利且风险大的公共物品,如高精尖技术的基础研究及教育等。政府资助的方式有补贴、津贴、优惠贷款、无偿赠款、减免税等。

(4) 政府参股。它主要适用于初始投入大的基础设施项目,如道路、桥梁、发电站、高速公路等。政府参股分为政府控股和政府入股。政府控股针对那些具有举足轻重地位的项目,政府入股主要是向私人企业提供资本和分散私人投资风险。

第三节 贫富差距

一、贫富差距的含义

贫富差距是指在不同的社会成员之间,由于其所处的社会政治、经济、文化等地位和环境不同,从而形成的占有社会财富的多与少之间的差距。

市场经济是一种优胜劣汰的经济,市场给予社会成员的报酬是以生产能力和贡献为标准的。由于每个人的天赋不同、就业机会不均等、竞争条件不公平等因素的影响,人们占有财产情况不同,因此由市场决定的收入分配肯定存在高低悬殊的现象。从经济的角度来看,市场机制造成的收入分配不均有其存在的道理。但从社会和道德的角度来看,市场分配造成的贫富悬殊是不公平的,是社会难以接受的。若任其发展,将会影响社会稳定,损害市场经济的健康发展。

扩展阅读 5-4

全球贫富差距恶化:最富1%人口财富将超其余99%人口财富之和

2015年1月,国际慈善机构乐施会发表报告称,全球贫富差距越来越严重,估计到2016年,全球最富的1%人口累积的财富将超过其他99%人口的财富总和。

报告指出,世界最富有的1%人口所持财富占全球财富比例,已从2009年的44%增长至2014年的48%。到了2016年,该比重将突破50%。这1%人口的人均财富为270万美元。

全球高达80%人口在2014年只获得全球财富的5.5%,每人平均3851美元。

(资料来源:全球贫富差距恶化:最富1%人口财富将超其余99%.中国新闻网,http://world.people.com.cn/n/2015/0120/c157278-26415722.html,上网时间:2018年11月24日)

二、造成贫富差距的原因

一个人所能获得的收入的多少,取决于他所掌握的生产资源的多少,掌握资源越多的人,他所获得的收入也相应较多;反之,掌握资源越少的人,他所获得的收入相应较少。因此,人们掌握的资源不平均造成收入分配不公。

当然,造成收入差距的原因除了人们掌握的资源数量不同以外,还存在着资源质量方面的原因。当一个人具有的资源数量与其他人相等,但他的资源质量更优时,其获得的收入也相应较多。

另外,国家的政策也对人们的收入产生着巨大的影响。既然收入分配不平等影响着社会秩序,政府又不愿意看到收入差距过分悬殊,因此,国家在调节居民的收入分配方面,一直做着不懈的努力。

扩展阅读 5-5

收入分配平等程度的衡量——洛伦兹曲线与基尼系数

在判断一个国家收入分配的平等程度时,洛伦兹曲线图是常用的工具,基尼系数是最常用的指标。

一、洛伦兹曲线

为了研究一个国家的收入分配问题,美国统计学家马克斯·奥托·洛伦兹(Max Otto Lorenz)提出了著名的洛伦兹曲线。它是用来衡量一个国家收入分配或财产分配平均程度的曲线。其具体做法是:

(1) 将一个国家人口按收入由低到高排队,再分成若干个等级。

(2) 分别在横坐标和纵坐标上标明每个等级人口占总人口的百分比、每个等级人口的收入占总收入的百分比。

(3) 将这样的人口累计百分比和收入累计百分比的对应关系描绘在图形上,即可得到洛伦兹曲线。

如果把一个国家人口分成5个等级,各等级人口各占总人口的20%,各等级人口占总收入的比例各不相同,也就是存在着收入上的差距。为了说明这个问题,我们假定某国各等级的人口比例与收入比例,如表5-1所示。

表5-1 各等级人口的收入状况表

级别	各等级人口占总人口的百分比(%)	人口累计百分比(%)	各等级人口收入占总收入的百分比(%)	收入累计百分比(%)
1	20	20	4	4
2	20	40	8	12
3	20	60	13	25
4	20	80	15	40
5	20	100	60	100

根据表 5-1，可以绘出洛伦兹曲线，如图 5-1 所示。

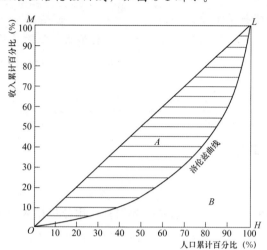

图 5-1　洛伦兹曲线

在图 5-1 中，横轴 OH 表示人口累计百分比，纵轴 OM 表示收入累计百分比。

OL 为 45°线，在这条线上，每 20% 的人口得到 20% 的收入，表明收入分配绝对平等，称为绝对平等线。

OHL 表示收入分配绝对不平等，它表示所有收入都集中在某一个人手中，而其余人口均一无所获。因此 OHL 是绝对不平等线。

根据表 5-1 所做的洛伦兹曲线介于绝对平等线与绝对不平等线之间，它反映了一个国家实际收入的分配状况。洛伦兹曲线与 45°线 OL 越接近，收入分配越平等；洛伦兹曲线与绝对不平等线 OHL 越接近，收入分配越不平等。

一般来说，一个国家的收入分配，既不是完全不平等的，也不是完全平等的，而是介于两者之间。相应的洛伦兹曲线，既不是折线 OHL，也不是 45°线 OL，而是像图 5-1 中这样向横轴突出的弧线 OL。

二、基尼系数

国际上通用的、用以衡量一个国家或地区居民收入分配平等程度的指标——基尼系数（G），其计算公式为：

$$G = \frac{A}{A+B}$$

式中：A 表示实际收入线与绝对平等线之间的面积；B 表示实际收入线与绝对不平等线之间的面积。

当 $A=0$，即实际分配线与绝对平等线重合时，$G=0$，表示收入分配绝对平等；

当 $B=0$，即实际分配线与绝对不平等线重合时，$G=1$，表示收入分配绝对不平等。

通常基尼系数大于0小于1，基尼系数越小表明收入分配越趋于平等，基尼系数越大表明一国收入分配越不平等。

联合国有关组织规定：基尼系数若低于0.2表示收入绝对平均；0.2~0.3表示比较平均；0.3~0.4表示相对合理；0.4~0.5表示收入差距较大；0.5以上表示收入差距悬殊。

三、收入分配平等化政策

1. 平等与效率：一个永恒的难题

在讨论平等与效率的关系这个难题时，人们喜欢用分蛋糕来打比方。效率意味着把蛋糕做大，平等象征着把蛋糕平均分给众人。如果要把蛋糕做大，大家就必须都努力为蛋糕事业做出贡献。如果把蛋糕平均分给众人，对于经济人来说，必定会有部分人等着别人去努力，而自己只想坐享其成，从而影响整个经济的效率。由此可以看出，平等与效率是一对矛盾关系。

各国在发展经济的过程当中，究竟应该偏向平等还是效率，在不同的历史阶段，会有不同的选择。无论是发达国家还是发展中国家，在经济活动中若过分重视平等必然会损失效率，而过分重视效率又会拉开收入差距，导致收入分配的不平等。如何在平等和效率之间保持平衡，是一个永恒的难题。

2. 收入平等化政策

目前，我国的收入存在分配不公平的问题。收入分配的不公平可能导致社会秩序的混乱，甚至会导致社会动荡。那么，国家是怎样来调节收入分配的呢？国家调节收入分配的手段主要有以下两种：

(1) 税收。

税收是政府财政收入的主要来源，也是国家调节经济、调节收入分配的主要手段。典型的调节收入分配的税种是个人所得税。个人所得税采用超额累进制计征的方法，使收入越高的人，纳税的相对税率就越高；而对于收入偏低的人，纳税的相对税率越低；工资收入不超过国家规定的免征额的人，不用缴纳个人所得税。这一手段在很大程度上降低了收入分配的不平等程度。

(2) 社会福利政策。

如今，国家推行的社会福利政策一般有以下几种：

① 实行各种形式的社会保障和社会保险。这包括失业救济金制度、职业年金制度、残疾人保险制度、对未成年人家庭的补助及对低收入家庭和个人的补助等。这些补助金主要是货币形式，也有发放食品等实物形式的。

② 实行最低生活保障。居民最低生活保障标准应根据各地生活必需品的价格水平和

人民生活水平制定,并且要随着生活必需品的价格变化和人民生活水平的提高做出适时调整。

③ 为贫困者进行培训和提供就业机会。首先是实现机会均等,尤其是保证所有人的平等就业机会,并按同工同酬的原则支付报酬。其次是使低收入者具有就业的能力,包括进行职业培训、实行文化教育计划等。这些都有助于提高低收入者工作技能或素质,使他们能从事收入更高的工作。

④ 医疗保险与医疗援助。医疗保险包括住院费用保险、医疗费用保险以及出院费用保险。这种保险主要由保险金支付。医疗援助则是政府出钱资助医疗卫生事业,使每个人都能得到良好的医疗服务。

⑤ 教育资助。这包括兴办公立学校、设立奖学金和大学生贷款制度、帮助学校改善教学条件、资助学校的科研等。从社会福利的角度来看,对教育事业的资助有助于提高公众的文化水平与素质,也有利于收入分配的平等化。

⑥ 发展社会慈善事业。慈善事业是健全社会保障体系的一个不可缺少的方面。慈善事业主要来源于人们的自愿捐助,它是富者和一切有能力捐助者在慈善心驱使下的自觉行为,失业者、弱势群体和遭受各种天灾人祸的困难群体会在一定程度上受益。因此,它是社会保险、社会救助、社会福利的重要补充。

⑦ 劳动立法保护。这包括最低工资法和最高工时法,以及环境保护法、食品和医药卫生法等。这些都有利于增进劳动者的收入,改善他们的工作和生活条件,从而有助于减少收入分配不平等的程度。

扩展阅读 5-6

我国将在2020年实现农村贫困人口全面脱贫

改革开放以来,我国7亿多农村贫困人口脱贫,对全球减贫贡献率超过70%。由于我国区域经济发展极不平衡,贫困问题依然是当前经济社会发展中最突出的"短板",截至2017年年底,我国还有农村贫困人口3046万人,脱贫攻坚形势复杂、严峻。

我国政府提出:到2020年稳定实现农村贫困人口不愁吃、不愁穿,农村贫困人口义务教育、基本医疗、住房安全有保障;同时实现贫困地区农民人均可支配收入增长幅度高于全国平均水平、基本公共服务主要领域指标接近全国平均水平。

自2013年实施精准扶贫战略以来,我国每年超过1000万人摆脱贫困。照此速度计算,到2020年,现行标准下的农村贫困人口将全部脱贫,我国将如期实现全面建成小康社会的宏伟目标。

本章要点回顾

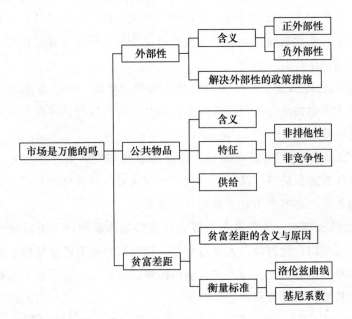

学以致用

一、选择题

1. 公共物品具有（　　）特征。
   A. 外部性　　　　　　　　　　　　B. 非排他性
   C. 非竞争性　　　　　　　　　　　D. 以上都正确

2. 老王在自己的庭院中种了一颗玉兰树，每到花开的时候，花香可以飘到很远很远。这对于喜欢闻玉兰花香味的人来说，属于（　　）；对于花粉过敏的人来说，属于（　　）。
   A. 正外部性；正外部性
   B. 正外部性；负外部性
   C. 负外部性；负外部性
   D. 负外部性；正外部性

3. 在公共场合吸烟会让很多人感到难受，由此产生了（　　）。
   A. 正外部性　　　　　　　　　　　B. 负外部性
   C. 道德约束　　　　　　　　　　　D. 外部性的内在化

4. 公路上的路灯具有（　　）。
   A. 非排他性　　　　　　　　　　　B. 非竞争性
   C. 排他性　　　　　　　　　　　　D. 竞争性

5. 近年来我国多地频频发生雾霾，和雾霾发生最相关的是（　　）。
   A. 公共物品　　　　　　　　　　B. 外部性
   C. 收入差距　　　　　　　　　　D. 垄断
6. 下列哪种情况下不会出现市场失灵？（　　）
   A. 存在公共物品　　　　　　　　B. 存在外部性
   C. 寡头勾结起来限制产量　　　　D. 市场上竞争非常激烈
7. 我国政府为了发展经济，设立了若干经济特区，这样的行为（　　）。
   A. 既公平又有效率　　　　　　　B. 既不公平又没有效率
   C. 有效率但不公平　　　　　　　D. 公平但缺乏效率
8. 基尼系数是用来衡量（　　）。
   A. 居民富裕程度的　　　　　　　B. 收入分配差距的
   C. 家庭富裕程度的　　　　　　　D. 国家富裕程度的
9. 下列政策有利于缩小贫富差距的是（　　）。
   A. 征收累进的个人所得税　　　　B. 限制高档消费
   C. 对生活困难人群进行补贴　　　D. 为贫困者提供技能培训
10. 以下可能引起收入分配不均的是（　　）。
    A. 人们掌握资源的多寡不同　　　B. 国家分配政策更强调效率
    C. 人们掌握的资源质量不同　　　D. 以上说法都不对

二、简答题

1. 市场失灵包括哪些内容？
2. 我国的公路、桥梁及公办大学等是否是纯公共物品？
3. 什么是外部性？
4. 什么是基尼系数？基尼系数是如何得出的？
5. 如何看待我国的收入差距问题？

笔记：

_____
_____
_____
_____

三、案例分析题

（一）资料

守卫"舌尖上的安全"

民以食为天，随着人们生活水平的不断提高以及对健康消费的日益重视，食品安全问题正成为全社会关注度最高的热点问题之一。

2016年，全国公安机关全年共破获食品犯罪案件1.2万起、药品犯罪案件8500起，公安部挂牌督办的350余起案件全部告破，铲除了一批制假售假的黑工厂、黑作坊、黑窝点、黑市场，摧毁了一批制假售假的犯罪网络。2016年，全国检察机关严惩危害食品药品安全犯罪，建议食品药品监管部门移送涉嫌犯罪案件1591件，起诉危害食品药品安全犯罪11958人。

数据显示，我国食品国家质量抽查合格率由2006年的77.9%上升到2015年的96.8%，提高了18.9个百分点。李克强总理在2017年的政府工作报告中指出：食品药品安全事关人民健康，必须管得严而又严。要完善监管体制机制，充实基层监管力量，夯实各方责任，坚持源头控制、产管并重、重典治乱，坚决把好人民群众饮食用药安全的每一道关口。

（二）要求

1. 我国偶有发生的食品安全问题是否属于市场失灵现象？请谈谈你的看法。
2. 请查询相关资料，谈谈近年来我国政府采取过哪些措施来守卫"舌尖上的安全"。

笔记：

_____

_____

_____

_____

知识链接 5-1

信息不对称

信息不对称是指交易中的各成员拥有的信息不同。在市场经济活动中，一些成员拥有其他成员无法拥有的信息，由此造成信息的不对称。不同类型的人对有关信息的了解是有差异的；掌握信息比较充分的成员，往往处于比较有利的地位，而信息缺乏的成员，则处在不利的地位。一般而言，卖家比买家拥有更多关于交易物品的信息，在交易过程中，容易出现卖家对商品的瑕疵避而不谈，对商品的优点片面夸大的现象，从而导致买家在不知情的情况下蒙受损失。例如，娜娜在某自行车商铺购买了一辆二手自行车，交易前，卖家声称该车只使用不到一年时间，轻巧、好骑还安全。购买后不久，娜娜发现轮子漏气、下雨天行车容易打滑、骑行时特别费力等情况。经过拆解后发现，该车是翻新车，内胎打了多个补丁，链条咬合不够紧，脚蹬内部生锈严重等诸多问题。娜娜无奈之下只能更换多个配件，而更换配件的花费同买一辆全新自行车也相差无几了。产生这类现象的根本原因就是卖家在交易时刻意隐瞒物品的缺陷，导致买卖双方信息不对称。

当信息不对称时，消费者和生产者不能按照自己的利益做出正确的决策，从而导致市场失灵。信息不对称所引发的社会经济问题比比皆是。从消费者的角度，应该增强自己的信息甄别能力。从政府的角度，必须建立完善的市场准入机制和企业信息披露制度，不断完善消费者权益保护法。

第六章

如何衡量一国（地区）的富裕程度

【知识目标】↘

- 理解 GDP、人均 GDP 指标的概念
- 理解 GDP 指标的作用及局限性
- 掌握 GDP 与消费、投资、出口的关系

【技能目标】↘

- 能运用 GDP 与消费、投资、出口的关系简单分析一国（地区）GDP 的增长问题

案例导入

中国GDP总量跃居世界第二位

改革开放以来，中国经济持续快速发展，无论是经济总量，还是人均水平都大幅增加，综合国力明显增强，国际地位和影响力显著提高。中国实现了从站起来、富起来向强起来的历史性飞跃。

中国GDP总量从1978年的3645亿元迅速增加到2017年的827122亿元（折合122503亿美元），约占世界经济总量的15%。如今中国已成为世界第二大经济体，是拉动世界经济增长的最大引擎。

中国人均GDP由1978年的381元迅速提高到2017年的59660元（折合8836美元）。按照世界银行标准，我国已经由长期以来的低收入国家跃升至世界中等偏上收入国家行列。到2020年，中国将全面建成小康社会。

思考：

（1）娜娜说美国、日本、西欧发达国家都比中国富有，其依据就是他们的人均GDP比中国的多。你同意这种说法吗？

（2）娜娜说一国（地区）的人均GDP就是一国（地区）的人均实际收入，你认为对吗？

（3）你了解GDP的含义吗？

（4）你知道拉动经济增长的"三驾马车"吗？

笔记：

第一节 GDP及相关指标

在前几章中我们学习了价格是如何决定的、个人与企业如何决策，以及市场失灵及政府干预等，这部分内容属于微观经济学。从整体上看，尽管资源是稀缺的，但还得不到充分利用。如何才能使稀缺的资源得到充分利用？这就需要从整个经济的角度来研究经济运行的规律。宏观经济学正是要通过对一国（地区）经济中常见的失业、通货膨胀、经济周期和经济增长这些重大问题的研究，来探讨并解决整体经济的运行问题。

一国（地区）经济的整体运行情况可以用具体的数字来表示，这些数字就是宏观经济指标。能够反映一国（地区）经济状况的宏观经济指标很多。在这些指标中，我们最关注三个指标：国内生产总值（GDP）、通货膨胀率和失业率。本节将重点介绍GDP指标。

一、什么是GDP

如果要判断一个人在经济上是否成功，可以看他的年收入。同样的逻辑，要判断一国或地区是否富裕，通常用GDP这个指标来衡量。

GDP是英文Gross Domestic Product的缩写，意为国内生产总值，是一国（或地区）在一定时期内（通常是一年）所生产的全部最终产品（包括产品和劳务）的市场价值总和。

GDP指标是全世界通用的最重要的宏观经济指标，是一个国家或地区总体经济实力的根本体现，是衡量国家或地区之间经济活动总量的国际通用语言。表6-1是2017年世界主要国家或地区GDP总量排名。

表6-1　2017年世界主要国家或地区GDP总量排名

（单位：亿美元）

排名	国家或地区	GDP总量	排名	国家或地区	GDP总量
1	美国	193906	21	阿根廷	6375
2	中国	122377	22	瑞典	5380
3	日本	48721	23	波兰	5245
4	德国	36774	24	比利时	4927
5	英国	26224	25	泰国	4552
6	印度	25975	26	伊朗	4395
7	法国	25825	27	奥地利	4166
8	巴西	20555	28	挪威	3988
9	意大利	19348	29	阿联酋	3826
10	加拿大	16530	30	尼日利亚	3758
11	俄罗斯	15775	31	以色列	3509
12	韩国	15308	32	南非	3494
13	澳大利亚	13234	33	中国香港	3414
14	西班牙	13113	34	爱尔兰	3337
15	墨西哥	11499	35	丹麦	3249
16	印度尼西亚	10155	36	新加坡	3239
17	土耳其	8511	37	马来西亚	3145
18	荷兰	8262	38	菲律宾	3136
19	沙特阿拉伯	6838	39	哥伦比亚	3092
20	瑞士	6789	40	巴基斯坦	3049

（资料来源：根据国际货币基金组织公布的数据整理）

在理解GDP时，需要注意以下几点：

1. GDP是最终产品的市场价值总和

最终产品是指不需要进一步加工、可直接用于消费和出口的产品，如机械设备、食品、服装、日用品等。中间产品是指需要进一步加工、目前还不能作为消费或出口的产品，包括各种原材料、燃料和动力。例如，服装是最终产品，可以直接消费，但用于服装生产的原材料，如棉布、棉纱等产品就不是最终产品而是中间产品。

最终产品与中间产品的区别在于，购买者的目的是用于消费还是用于生产，而不在于产品本身的性质。

GDP中之所以不包括棉布、棉纱等中间产品的价值，是因为作为最终产品的服装的价值已经包括了它们的价值；若把这些中间产品的价值与最终产品的价值相加，就会重复计算。

课堂讨论

煤、电、布料与服装是中间产品还是最终产品？

笔记：

_____

_____

_____

_____

2. GDP强调的是领土概念

国内生产总值（GDP）是指一个国家或地区在其领土范围内所生产的最终产品的市场价值总和。这里的"国内"强调的是领土概念，因此中国的GDP既包括中国企业所生产的最终产品价值，也包括外商投资企业如美国可口可乐公司在中国投资生产的最终产品价值。

3. GDP不仅包括有形的产品，还包括无形的劳务

GDP不仅包括诸如食品、衣服、汽车等有形的货物价值，而且还包括诸如金融、保险、旅游、教育、卫生、理发、美容等服务的价值。

4. GDP强调的是当年生产的最终产品的价值

GDP只包括当年所生产的最终产品价值，非当年生产的最终产品，其价值就不能计入GDP。例如，2018年1月发生的二手房交易，由于房屋是以前年度生产的，已计入以前年度的GDP，所以房屋本身的市场价值不能再计入2018年的GDP。但是，因二手房交易产生的佣金和手续费等属于2018年发生的劳务费用，应计入2018年的GDP。

扩展阅读 6-1

国民生产总值（GNP）指标

国民生产总值（Gross National Product，简称GNP）是指一个国家或地区所有国民在一定时期内生产的最终产品（包括产品和劳务）的市场价值总和。GNP是按国民原则核算的，即只要是本国（或地区）公民，无论是否在本国境内（或地区内）居住，其所创造的最终产品价值都应计入GNP。

而 GDP 则是按领土原则核算的，它衡量的是一个国家或地区在一定时期内常住单位生产的最终产品价值，而不管这些生产单位是否属于本国或地区所有。

例如，中国境内的可口可乐工厂的收入，是属于美国的 GNP，并不包括在中国的 GNP 之中；而中国的格力空调在国外开厂的收入则可以算在我们的 GNP 中。

与 GNP 不同的是，GDP 只计算在中国境内产生的产值，而不管它属于哪国（或地区）。所以，中国境内的可口可乐工厂的收入就包括在中国的 GDP 中，而在海外的格力空调的收入，就不算在中国的 GDP 中。

以前美国的经济文献较多地使用 GNP 指标，现在则改用 GDP 数字。在当今世界上，GDP 指标比 GNP 指标被更加普遍地使用。其中一个原因是，随着经济全球化趋势的发展，要准确地计算哪些产值属于哪个国家（或地区），正变得越来越困难。

思考：

（1）若同时计算中国的 GDP 与 GNP 指标，哪个指标可能会更大？

（2）若同时计算美国的 GDP 与 GNP 指标，哪个指标可能会更大？

笔记：

二、与 GDP 有关的几个指标

1. 人均 GDP

人均 GDP 是一国或地区的 GDP 与其人口数量的比值，它反映了一国或地区的富裕程度和生活水平。

由于世界各国（地区）目前普遍采用 GDP 指标来度量一国或地区的经济总量，相应地，人均 GDP 就成为比较各国或地区的国民收入水平的主要指标。在国际范围内进行比较时，需要把按本国（地区）货币计算的人均 GDP 依照汇率折算为美元。一般而言，人均 GDP 越高，意味着这个国家或地区越富裕。

表 6-2 是 2017 年世界部分国家或地区人均 GDP 的排名。

表 6-2　2017 年世界部分国家或地区人均 GDP 排名

（单位：美元）

排名	国家或地区	人均 GDP	排名	国家或地区	人均 GDP
1	卢森堡	105803	6	冰岛	70332
2	瑞士	80591	7	卡塔尔	60804
3	中国澳门	77451	8	美国	59501
4	挪威	74941	9	新加坡	57713
5	爱尔兰	70638	10	丹麦	56444

续表

排名	国家或地区	人均GDP	排名	国家或地区	人均GDP
11	澳大利亚	55707	37	葡萄牙	21161
12	瑞典	53218	38	沙特阿拉伯	21120
13	荷兰	48346	64	俄罗斯	10608
15	奥地利	47290	65	土耳其	10512
16	中国香港	46109	67	巴西	9895
17	芬兰	46017	73	中国	8643
18	加拿大	45077	85	泰国	6591
19	德国	44550	127	菲律宾	2976
20	比利时	43582	132	老挝	2542
21	新西兰	41593	133	埃及	2501
22	以色列	40258	134	越南	2354
23	法国	39869	141	印度	1983
24	英国	39735	148	孟加拉国	1602
25	日本	38440	149	巴基斯坦	1541
27	意大利	31984	155	柬埔寨	1390
29	韩国	27539	157	缅甸	1264
31	西班牙	28359	158	津巴布韦	1176
34	中国台湾	24577	178	阿富汗	588

（资料来源：根据国际货币基金组织公布的数据整理。限于篇幅，本表只选取了部分发达国家和地区、中国周边国家和地区以及我们熟悉的部分不发达国家和地区的数据）

扩展阅读 6-2

世界银行关于高中低收入国家的划分标准

世界银行按人均国民总收入（与人均GDP大致相当）对世界各国经济发展水平进行分组，通常把世界各国分成四组，即低收入国家、中等偏下收入国家、中等偏上收入国家和高收入国家。但以上标准不是固定不变的，而是随着经济的发展不断进行调整的。2017年7月1日，世界银行公布的最新收入分组标准如下：

人均GDP低于1005美元为低收入国家；

1006~3955美元为中等偏下收入国家；

3956~12235美元为中等偏上收入国家；

高于12236美元为高收入国家。

2017年中国人均GDP折合8836美元，按世界银行标准，中国已经成为中等偏上收入国家。

2. 个人可支配收入

个人可支配收入是指个人在一定时期（通常是一年）缴纳个人所得税和非税支付留下的，可用于消费和储蓄的收入。国家统计局公布的数据显示，2017年我国居民人均可支配收入 25974 元，比上年名义增长 9.0％；扣除价格因素实际增长 7.3％。其中，上海、北京、浙江、天津、江苏、广东、福建、辽宁、山东、内蒙古 2017 年居民人均可支配收入超过了全国平均水平。在 31 个省（区、市）中，上海、北京、浙江居民人均可支配收入位居前三名。其中，上海、北京居民人均可支配收入分别达到 58987.96 元、57229.83 元，逼近 6 万元大关。

课堂讨论

人均可支配收入与人均 GDP 是一回事吗？

笔记：

_____
_____
_____
_____

提示：

人均 GDP 和人均可支配收入是两个概念，而且相差很大。人均 GDP 要减掉交给政府的税收，还要减掉其他项目，进行一系列调整，才能得到人均可支配收入。有人常常把两者混淆，阅读时要特别注意，人均可支配收入要比人均 GDP 小得多。

2017 年，我国人均 GDP 为 59660 元，人均可支配收入为 25974 元，人均可支配收入占人均 GDP 的比重为 43.54％。

三、GDP 指标的缺陷

虽然 GDP 的概念被普遍运用，但是它在衡量各国经济活动时，并非一个完美无缺的指标，GDP 还存在一些缺陷，我们在观察 GDP 指标时，需要注意以下几个问题：

1. GDP 不能准确地反映一个国家的真实产出

由于 GDP 的统计数据基本上是根据市场交易获得的，对那些没有经过市场交易的活动则不能计入 GDP，所以 GDP 不能准确反映出一个国家的真实产出。首先，非市场交易活动得不到反映。例如，许多不经过市场交易的活动，像家务劳动、农民自己生产并供自己消费的农产品等，难以在 GDP 统计中反映出来。其次，一些黑市交易和走私等非法交易的价值也无法计入 GDP，这部分通常被称为"地下经济"。

2. GDP 不能全面地反映人们的福利状况

人们的福利状况会由于收入的增加而得到改善。人均 GDP 的增加代表一个国家人民平均收入水平的增加，从而当一个国家的人均 GDP 增加时，这个国家的平均福利状况将得到改善。但是人均 GDP 指标不能反映社会收入分配差距，从而人均 GDP 不能反映由于收入分配差距而产生的福利差异状况。

同时，人们的福利涉及许多方面，如休闲和家庭享乐也属于福利的重要内容。如果人们加班加点，付出更多的劳动，得到更多的收入，从而能够购买更多的产品满足个人的需要，那么，他们在为社会创造GDP的同时，个人的福利也增加了。但是，如果他们始终忙于工作，没有时间与家人团聚、享受天伦之乐，尽管社会的GDP因此增加了，但他们的个人福利并不一定增加。这是因为虽然他们因个人收入的增加而能够消费更多的产品，但他们也失去了很多享乐的机会，从而降低了自己的福利水平。因此，GDP与人均GDP的变化不能反映人们的真实福利水平的变化。

  3. GDP没有反映经济发展对环境所造成的破坏

  一国在发展经济的时候，必然要消耗自然资源。资源是有限的，如果当前的经济发展过度地消耗了自然资源，就会对未来的经济发展造成极为不利的影响，这样的发展是不可持续的。同样，如果当前的经济发展导致环境恶化，这样的发展不仅直接影响人们当前的生活质量，而且制约未来的经济发展，这样的发展同样是不可持续的。然而，GDP不能反映经济发展对环境的破坏。例如，某些产品的生产会向外排放"三废"（废水、废气、固体废料）等有害物质，GDP会随着产品产量的增加而增加，却不能反映这些产品的生产对环境造成的损害。显然，在这样的情况下，GDP只反映出经济发展的积极的一面，而没有反映出对环境破坏的消极的一面。

扩展阅读 6-3

怎样看待中国GDP跃升世界第二

  改革开放40年来，中国经济发展一直维持着高速增长的态势。1978年，我国经济总量仅位居世界第十位；2008年超过德国，居世界第三位；2010年超过日本，成为仅次于美国的世界第二大经济体。2016年GDP达到11.2万亿美元，经济总量占世界的份额由1978年的1.8%提高到2016年的15%，中国已经成为拉动世界经济增长的最大引擎。我国人均GDP由1978年的约200美元上升至2017年的8836美元，按照世界银行的划分标准，已经由低收入国家跃升至中等偏上收入国家。

  在我们倍感自豪的同时，还应清醒地认识到：我国是世界上第一人口大国，尽管GDP总量跃居全球第二位，但人均GDP排名并不靠前。国家统计局公布的数据显示，截至2017年年底，有3046万农村贫困人口还没有脱贫。我国经济发展中不平衡、不协调、不可持续问题依然突出，科技创新能力不强，产业结构不合理，农业基础依然薄弱，资源环境约束加剧；城乡区域发展差距和居民收入分配差距依然较大；教育、就业、社会保障、医疗、住房、生态环境、食品药品安全、安全生产、社会治安等方面关系群众切身利益的问题较多。

  这些客观事实说明，现阶段我国还只是一个经济大国，建成经济强国的路还很长。只有理性看待GDP跻身全球第二，沉着应对与妥善解决不断出现的各种问题，才能推进我国经济社会的持续健康发展，顺利实现"两个一百年"的奋斗目标和中华民族伟大复兴的中国梦。

思考：

如何看待我国GDP增长过程中存在的各种问题？

笔记：

_____

_____

_____

_____

第二节　GDP与消费、投资、出口的关系

一、GDP与消费、投资、出口的关系

按GDP的统计方法①，GDP总量在数量上等于一国或一地区的居民消费、投资、政府购买、净出口之和，即：

$$GDP = 居民消费 + 投资 + 政府购买 + 净出口$$

1. 居民消费

居民消费是指居民日常支出，包括耐用品支出（如家电、汽车等）、非耐用品支出（如服装、食物等）以及服务支出（如医疗、教育、娱乐、旅游等）。

注意：居民住房支出没有包含在居民消费中，而是属于固定资产投资支出。

2. 投资

投资是指企业或个人从事生产活动时所需要的总支出，包括固定资产投资和存货投资两大类。

固定资产投资包括企业的新厂房、新设备及居民新住宅的增加。

存货投资是指厂商用于增加存货即增加原材料和产品库存的支出。

经济学家认为，居民住房是一种投资行为，而不是一种简单的消费。因此，居民住房支出应该计入投资，而不是消费。

3. 政府购买

政府购买是指各级政府购买的产品和劳务总和。政府作为公共服务部门，为了完成其特定职能，也会产生大量支出。例如，用于国防、教育的支出，修建公共工程、雇用公务员的支出，等等。

---

① GDP的统计方法有支出法、收入法与生产法三种，"GDP＝居民消费＋投资＋政府购买＋净出口"属于GDP统计的支出法。

政府购买只是政府支出的一部分，政府支出的其他部分如转移支付（包括失业救济金、退伍军人津贴、养老金等）不计入 GDP。政府支出的这些项目不是对当前最终产品的购买，而是通过政府将收入在不同社会成员之间进行转移和重新分配，全社会的总收入并没有变动，因此不计入 GDP。

4. 净出口

净出口是指进出口的差额，即净出口＝出口－进口。出口表示收入从外国流入，是用于购买本国产品的支出，应计入 GDP。进口表示收入流到国外，同时，也不是用于购买本国产品的支出，因此，进口应从本国总购买量中减去。净出口可能是正值，也可能是负值。

二、拉动经济增长的"三驾马车"

一般把"GDP＝居民消费＋投资＋政府购买＋净出口"中的"居民消费"和"政府购买"称为最终消费。这样，GDP 是投资、消费、净出口这三种需求（最终需求）之和，因此经济学上常把投资、消费、出口比喻为拉动 GDP 增长的"三驾马车"，这是对经济增长原理最生动、形象的表述。三者对经济增长的拉动率（贡献率）是三者当年的增量分别占 GDP 总增量的比重。

节 约 悖 论

1936 年凯恩斯在《就业、利息和货币通论》中提出了著名的"节约悖论"，即节约对于个人来说是好事，是一种值得称赞的美德，但对于整个国家来讲，则是一件坏事，会导致国家经济的萧条、衰败。为了说明这个道理，凯恩斯还引用了一则古老的故事《蜜蜂的寓言》：最初，有一窝蜜蜂追求奢侈的生活，每天大吃大喝，大肆挥霍浪费，整个蜂群兴旺发达。后来一个哲人教导它们说，不能如此挥霍浪费，应该厉行节约。蜜蜂们听了哲人的话，觉得很有道理，于是迅速贯彻落实，改变了原有的习惯，个个争当节约模范。但结果出乎预料，整个蜂群从此迅速衰败下去，一蹶不振了。

凯恩斯上述观点在经济学界得到了相当普遍的认同，不同版本的经济学教科书都相当醒目、相当郑重地向读者介绍、阐述了这一思想。

讨论：

"节约悖论"与中国勤俭节约的传统美德是否相矛盾？你是如何看待这个问题的？

笔记：

2017年我国消费仍位列"三驾马车"之首

国家统计局公布的数据显示，2017年，消费仍是经济增长主动力，最终消费支出对国内生产总值增长的贡献率为58.8%，高于资本形成总额26.7个百分点。从需求结构看，中国经济已经从主要依靠投资拉动转为投资和消费共同拉动。还有一个重要变化，就是经济增长和发展从过去主要由出口拉动，转为出口、进口共同拉动。2017年，出口增长10.8%，进口增长将近20%。根据测算，中国对世界经济增长的贡献率在30%左右。

本章要点回顾

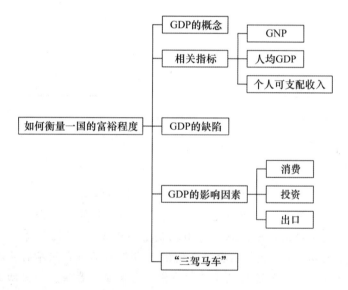

 学以致用

一、选择题

1. 下列产品中，应该计入当年GDP的是（　　）。

    A. 当年生产的移动电话机

    B. 去年生产的在今年销售的羽绒衣

    C. 当年卖出的二手车

    D. 当年高价拍卖一幅张大千的国画

2. "衣服是中间产品"这一说法（　　）。

    A. 一定是对的　　　　　　　　　B. 一定是不对的

C. 可能是对的，也可能是不对的　　　　D. 以上答案都不对

3. 用GDP来衡量经济好坏的不足之处是（　　）。

A. GDP不包括生产对环境的破坏　　　B. GDP忽略休闲时间的增加

C. GDP不能反映一国的真实产出　　　D. 以上说法都正确

4. 下列项目中，（　　）应计算在中国的GDP中。

A. 韩国三星公司在中国生产的手机

B. 中国的格力空调设在巴西工厂生产的空调

C. 在英国工作的家人汇回的美元

D. 美容店为居民提供美容服务

二、简答题

1. 最终产品和中间产品有何区别？
2. 如何正确看待GDP指标？
3. GDP与消费、投资、政府购买及净出口存在什么样的关系？
4. 为何许多国家都热衷于申办奥运会、世博会？

笔记：

_____

_____

_____

_____

三、案例分析题

（一）资料

既要绿水青山，也要金山银山

习近平总书记在谈到环境保护问题时指出："我们既要绿水青山，也要金山银山。宁要绿水青山，不要金山银山，而且绿水青山就是金山银山。"习近平曾经引用恩格斯《自然辩证法》一书中的话说："我们不要过分陶醉于我们人类对自然界的胜利。对于每一次这样的胜利，自然界都对我们进行报复。""美索不达米亚、希腊、小亚细亚以及其他各地的居民，为了得到耕地，毁灭了森林，但是他们做梦也想不到，这些地方今天竟因此而成为不毛之地。"

（二）要求

请你结合GDP指标的缺陷，谈谈你对习近平总书记"我们既要绿水青山，也要金山银山。宁要绿水青山，不要金山银山，而且绿水青山就是金山银山"的理解。

笔记：

_____

_____

_____

 知识链接 6-1

绿色 GDP

天下没有免费的午餐。经济产量的增加过程，必然是自然资源消耗增加的过程，同时，也是伴随着生态破坏和环境污染的过程。因此，各国既要看到 GDP 的数字，也要关注取得 GDP 所付出的代价，国际社会由此产生了"绿色 GDP"的概念。

GDP 作为国民经济核算体系中总量核算的核心指标，没有把资源和环境成本计算在内，不能说明资源消耗的状况和环境质量的变化情况。改革开放以来，我国经济发展一直维持着高速增长的态势，GDP 总量占世界的份额由 1978 年的 1.8% 提高到 2017 年的 15% 左右，但同时也造成了资源的惊人消耗和生态环境的巨大破坏，GDP 核算的缺陷和负效应业已暴露无遗。

绿色 GDP 核算即绿色国民经济核算体系，综合了经济与环境核算，是一种全新的国民经济核算体系。绿色 GDP 最早是由联合国统计署在倡导综合环境经济核算体系时提出的。推行绿色 GDP 核算，就是把经济活动过程中的资源环境因素反映在国民经济核算体系中，将资源耗减成本、环境退化成本、生态破坏成本以及污染治理成本从 GDP 总值中予以扣除。其目的是弥补传统 GDP 核算未能衡量自然资源消耗和生态环境破坏的缺陷。

从 20 世纪 70 年代开始，联合国和世界银行等国际组织在绿色 GDP 的研究和推广方面做了大量工作。我国对绿色 GDP 的研究始于 2004 年，原国家环保总局和国家统计局联合开展绿色 GDP 核算的研究工作。2005 年，北京、天津、河北、辽宁等 10 个省、直辖市启动了以环境污染经济损失调查为内容的绿色 GDP 试点工作。2006 年 9 月，原国家环保总局和国家统计局联合发布了《中国绿色国民经济核算研究报告 2004》，该报告是我国第一份经环境污染损失调整的 GDP 核算研究报告。之后，由于各种原因，绿色 GDP 的实际核算工作处在停滞状态。

为加快推进生态文明建设，有效推动新《环境保护法》落实，2015 年 3 月，国家环境保护部宣布重新启动绿色 GDP 研究工作。这是一项前沿性、创新性的研究项目，国际上尚无成功经验可借鉴，需要较长时间的探索。

第七章

失业与通货膨胀离你遥远吗

【知识目标】↘

- 了解失业的含义及衡量指标
- 理解通货膨胀的含义及分类
- 了解消费价格指数（CPI）的含义及编制过程
- 掌握失业及通货膨胀对经济的影响

【技能目标】↘

- 能读懂 CPI 数据的含义
- 根据失业、通货膨胀及经济增长的情况，初步判断一国当前的经济形势

第七章 失业与通货膨胀离你遥远吗

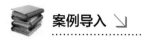

人人都曾是亿万富翁的国家

普通人想成为一名百万富翁并非易事,但在非洲国家津巴布韦,人人都曾是亿万富翁,可这些亿万富翁却生活在水深火热之中。这一切都源于津巴布韦20世纪90年代末开始并持续10年的恶性通货膨胀,导致货币严重贬值,国家持续动荡,失业率超过80%。

2006年,津巴布韦的年通胀率为1042.9%,2007年则冲上10000%,2008年的通胀率为天文数字:231000000%。而政府应对的方式就是疯狂印刷钞票,钞票面额屡创新高:2008年1月推出面额1000万津巴布韦元的钞票,4月推出面额5000万津巴布韦元的钞票……2009年1月竟推出了面额100万亿津巴布韦元的钞票,如此大面额的钞票在其他国家闻所未闻。人们买个面包、鸡蛋,打个出租车都需要背上好几袋纸币。一位大妈曾抱着总值3万亿津巴布韦元的钞票搭公交车,只为了支付当时约合3.5元人民币的车费。津巴布韦货币甚至都失去了抢劫的意义,因为抢劫的成本都远大于一车纸币的成本,津巴布韦元彻底沦为了比手纸还廉价的纸制品。

思考:

(1) 什么是通货膨胀?什么是失业?

(2) 失业问题常常与通货膨胀联系在一起,你知道两者的关系吗?

(3) 昨天娜娜去超市购买化妆品、牙膏及饮料三种商品,发现同样品牌的商品价格都上涨了20%。因此,她认为当前的通货膨胀率为20%。你赞同娜娜的说法吗?

笔记:

_____
_____
_____
_____

提示:

失业与通货膨胀是一个世界性的问题,无论是发达国家,还是发展中国家,都不同程度地存在着失业和通货膨胀问题。因此,失业和通货膨胀成为各国政府必须研究的重要问题。

第一节 失 业

一、失业的含义

失业是指在一定劳动年龄范围内,有工作能力并且有工作意愿的劳动力人口无法有效获取就业机会的经济现象。

失业者的认定必须符合三个条件:① 一定年龄范围(如 16~65 岁)内有工作能力,② 愿意就业,③ 没有工作。因此,凡是在一定年龄范围内愿意工作而没有工作,并正在寻找工作的人都是失业者。

世界各国对工作年龄范围都有不同的规定。例如,美国在进行失业统计时,年龄范围界定为 16~65 岁,属于失业范围的人群包括以下几种:

(1) 新加入劳动力队伍第一次寻找工作,或重新加入劳动力队伍正在寻找工作已达 4 周以上的人;

(2) 为了寻找其他工作而离职,在找工作期间作为失业者登记注册的人;

(3) 被暂时辞退并等待重返工作岗位而连续 7 天未得到工资的人;

(4) 被企业解雇而且无法回到原工作岗位的人,即非自愿离职的人。

在我国,目前实行的是登记失业制度,只有到当地劳动与社会保障部门登记且符合失业条件的人员才被统计为失业人员。我国规定的工作年龄是:男性为 16~60 岁,女性为 16~55 岁。年龄在规定范围内的人口数,称为"劳动适龄人口数"。年龄在规定范围之外,已退休或丧失工作能力,或在校学习,或由于某种原因不愿工作,或不积极寻找工作的人都不计入失业人数。

二、失业的衡量

衡量一个国家失业状况的基本指标是失业率。失业率是失业人数占劳动力总人数的百分比,用公式表示为:

$$失业率 = \frac{失业人数}{劳动力总人数} \times 100\%$$

失业人数是指属于上述失业范围,并到有关部门登记注册的失业人数。劳动力总人数是指失业人数与就业人数之和。各国的失业统计方法不尽相同。例如,美国是通过对 5.5 万户进行抽样调查来估算失业率的,并在每个月的第一周的星期五发布上个月的失业估算数字。

三、失业的分类

根据失业的不同性质和特点,通常将失业分为以下几种类型:

1. 自然失业

自然失业是指由于经济中某些难以避免的原因所引起的失业。自然失业主要包括摩擦性失业与结构性失业两种情况。

(1) 摩擦性失业。

摩擦性失业是指劳动者在部门、企业、地区之间的正常流动过程中暂时处于失业状态。每一个人都想找到一份适合自己爱好与技能的工作，于是会辞去旧工作、寻找新工作；产业结构的变动或某个地区的兴衰会迫使劳动力流动，被迫去寻找新的工作；为了与亲人在一起或在更好的环境里工作，一些人也会进行流动。在劳动力流动中，无论由于什么原因，在离开旧工作找到新工作之间总需要一段时间。在这段时间这些流动的人就成为失业者。这种失业也可以归结为寻找一份合适的工作需要一定时间，因此，又称寻找性失业，即由于想找到好工作引起的失业。摩擦性失业被认为是一种正常的或自然的失业。

(2) 结构性失业。

结构性失业是指由于不能适应经济结构和劳动市场变动所引起的失业。经济发展、社会进步、人口规模和构成的变化、消费者偏好的改变等都会引起经济结构的变化。经济结构的变动，要求劳动力的流动能迅速与之相适应。但是，由于工人所受的训练和技术水平不符合劳动力市场的需求，从而出现失业。在这种情况下，"失业与空位"并存，即一方面存在着有岗无人的"空位"，另一方面又存在着有人无岗的"失业"。这种失业的根源在于劳动力市场的结构特点。此外，由于雇主歧视某类人群，如肤色、性别、年龄等，或由于地区差距，如边远地区、艰苦地区等，都有可能引起结构性失业。

扩展阅读 7-1

就业形势稳中有忧　招工难与就业难并存

近年来，我国就业形势总体稳定的基本面没有变，但从结构上看，就业结构性矛盾更加突出，体现在招工难和就业难的情况并存。

从总量上看。2012年以来，中国劳动年龄人口呈现总量持续下降的趋势，但是由于受教育等因素的影响，劳动者进入劳动力市场存在滞后期，所以目前城镇新增劳动力仍然处于高位，农业转移劳动力仍然保持一定的规模。

从结构上看，就业结构性矛盾更加突出，体现在招工难和就业难的情况并存。有一些企业很难招到技能人才、高层次人才，也有些劳动者很难实现稳定就业。同时，还有一个新的特点，区域、行业、企业就业情况的分化趋势也在凸显，结构性和摩擦性失业增多，特别是这两年过剩产能加速出清，职工安置的任务非常繁重。

我国政府高度重视就业工作，把就业工作放到经济社会发展的全局去考虑、去推进。我国在促进就业方面有许多积极因素和有利条件，我国经济发展仍处于合理区间，经济总量增大、经济结构优化，以及商事制度改革、简政放权等改革所带来的红利持续释放，还包括新型城镇化等重大战略部署的推进实施，特别是"双创"蓬勃发展，新技术、新业态的不断涌现，也都将进一步拓展就业增长空间。

(资料来源：人社部：今年就业形势稳中有忧，招工难就业难并存，中国新闻网，http://www.chinanews.com/gn/2017/01-23/8133131.shtml，上网时间：2018年11月27日)

> 思考：
> 你对解决当前的结构性失业问题有何建议？

> 笔记：
> _____
> _____
> _____
> _____

2. 周期性失业

周期性失业又称需求不足的失业，它是指经济发展处于经济周期中的衰退或萧条时，由于对劳动力需求下降而造成的失业。这是一种最严重、最常见的失业类型。在经济繁荣时期，劳动需求量大，众多的失业者被迅速吸收，社会趋于充分就业状态。当经济衰退时，生产就会出现过剩，经济陷入萧条，企业会减少生产、解雇工人，从而带来失业人数的增加。

由于人们对经济周期到来的时间、持续时间、影响的深度和广度缺乏足够的认识，因此，这种失业难以预测和防范。

扩展阅读 7-2

就业是永恒的课题，更是世界性难题

国际劳工组织报告指出，由于劳动力不断扩充、全球经济增长乏力以及未来不确定因素增加，2017 年全球失业率将从 2016 年的 5.7% 上升到 5.8%，失业人口将在原有 2.01 亿的基础上增加 340 万。2018 年全球失业率将保持在相对稳定水平，但新增劳动力将再次超过劳动力市场创造的就业岗位，届时失业人口可能再增加 270 万。

2017 年新兴经济体失业率或将从 5.6% 上升到 5.7%。拉美和加勒比地区就业形势尤其令人担忧，2017 年失业率或将增加 0.3% 至 8.4%。

（资料来源：国际劳工组织预计全球失业率今年微升，新华网，http://www.xinhuabet.com/fortune/2017-01/16/c_1120320206.htm，上网时间：2018 年 11 月 27 日）

与失业率相联系的另一个热词是"充分就业"，在对失业的种类进行了分析之后，就可以更好地界定充分就业的含义。充分就业，并不是指人人都有工作，而是指消灭了周期性失业时的就业状态。显然，这时社会上仍有自然失业的存在，但所有愿意并能够在现有工作条件下工作的人都能找到工作。

充分就业率的高低，取决于劳动市场的完善程度、经济状况等各种因素。充分就业率由各国政府根据实际情况确定。各国在各个时期所定的充分就业率都不同。一般认为，当自然失业率为 5% 左右时，即被认为实现了充分就业。

四、失业对社会经济的影响

失业会给经济、社会甚至政治方面带来不良后果,因此各国政府在制定所有宏观经济政策时,都要考虑对失业率的影响。

(1) 对个人而言,失业会使失业者及其家庭的收入显著减少,并对失业者的心理造成影响。

失业会使失业者及其家庭的收入减少、消费水平下降。若年轻人长期失业,不仅浪费了人力资源,也降低了他们今后就业的竞争力;若中老年人失业,其问题就更严重了,企业通常不愿意聘用年老的员工,因为怕他们多病和比较难适应新的工作。因此,对于中老年人来说,失业对于他们更是严重的打击。

心理学研究表明,被解雇所造成的心理冲击相当于死去一个最亲密的朋友或在学校留级给人带来的影响。此外,失业还会造成失业者的失望和不满,会提高社会犯罪率、离婚率,并有可能引起社会动乱。

(2) 对政府而言,失业将加大政府运行的成本。

为了维持失业者最基本的生活,政府要为失业者提供失业救济和最低生活保障,这些转移支付必将增加政府的运行成本。如果失业率过高,社会经济将不堪重负,一些国家为此出现巨额财政赤字。

由于过高的失业率会给社会带来极其严重的经济后果,所以几乎所有国家都把失业问题作为社会发展的头号敌人,把降低过高的失业率作为政府工作的重要内容;政府在制定宏观经济政策时必须考虑其对失业的影响。

扩展阅读 7-3

奥肯定律

美国著名经济学家阿瑟·奥肯于1962年提出了著名的"奥肯定律"。该定律论证了失业率与GDP增长率两者呈反方向变化的关系,即高增长率使失业率降低,低增长率则会提高失业率。经济增长速度快,对劳动力的需求量相对较大,就业水平高,失业率低;反之,经济增长速度慢,对劳动力的需求量相对较少,就业水平低,失业率高。根据奥肯定律,实际GDP增长比潜在GDP(指一个国家在充分就业状态下所能达到的GDP)增长每快2%,失业率就下降1个百分点;实际GDP增长比潜在GDP增长每慢2%,失业率就上升1个百分点。

奥肯定律的一个重要结论是:为防止失业率上升,实际GDP增长必须与潜在GDP增长同样快。如果想要降低失业率,实际GDP增长必须快于潜在GDP增长。

第二节 通货膨胀

一、通货膨胀的含义

通货膨胀是指一般物价水平普遍而且持续上涨的经济现象。

需要注意的是，通货膨胀所造成的物价上涨是物价总水平的普遍持续上涨。通货膨胀所引起的物价上涨是全局性的、普遍的、持续的，不仅大中城市，而且就连小城镇、农村的物价也全面上涨。若个别商品由于短期的供不应求等原因所造成的价格上涨，不能称其为通货膨胀；若个别地区由于某种原因而形成的物价上涨，也不能理解为是通货膨胀。

二、通货膨胀的衡量

经济学上常用物价指数来衡量一个国家是否发生了通货膨胀。我们在报刊上看到的物价指数主要有两个：消费价格指数与生产者价格指数，本节只介绍消费价格指数。

消费价格指数（Consumption Price Index，CPI）又称零售物价指数或生活费用指数，它是最常用的衡量通货膨胀水平的指标。消费价格指数说明消费者在一段时间之内购买产品和劳务所付出的总费用的变化情况。在使用这个指标时，有关统计机构首先要选择一组居民日常生活中不可缺少的商品和劳务，确定它们各自的权数，然后对不同时期居民对这些商品、劳务支出的变动情况进行调查，最后据此计算出消费价格指数的数值。按照国际标准，当CPI连续超过3%时，就意味着发生了通货膨胀。

想了解中国居民消费价格指数是如何编制的，请参见本章后知识链接7-1。

课堂讨论

娜娜上个月在超市发现她常买的化妆品、牙膏与饮料价格涨幅都超过了20%，而统计局公布的CPI数据只有5%。因此，她对统计局公布的CPI持怀疑态度。

你同意她的观点吗？为什么？

笔记：

扩展阅读 7-4

遗 憾 指 数

遗憾指数又称痛苦指数，是指通货膨胀率与失业率之和。例如，假设通货膨胀率为4％，失业率为5％，则遗憾指数为9％。这一指数说明了人们对宏观经济状况的感觉，该指数越大，人们对宏观经济状况越不满。

三、通货膨胀的类型

根据通货膨胀的严重程度与特征，通常将其分为以下三种类型：

1. 温和的通货膨胀

温和的通货膨胀，是指每年物价上升的比率不超过10％。在这种通货膨胀下，人们对价格的走势是完全可以预期的。因此，社会上不会出现明显的恐慌心理。目前，许多国家都存在这种温和型的通货膨胀。

2. 加速的通货膨胀

加速的通货膨胀也称奔腾的通货膨胀。其特点是：通货膨胀率高达两位数到三位数，年通货膨胀率为10％～100％。在发生这种通货膨胀时，人们对货币的信心产生动摇，会寻找机会抢购商品，不愿意继续持有货币，经济社会产生动荡。因此，这是一种较危险的通货膨胀。

3. 恶性的通货膨胀

恶性的通货膨胀又称超速的通货膨胀。其特点为：通货膨胀率一般达到三位数以上，而且完全失去控制。这种通货膨胀在经济发展史上是很少见的，通常发生于战争或社会大动乱时期。

例如，1922—1923年间的德国，1945—1946年间的匈牙利，1971—1981年间的智力，1975—1992年间的阿根廷，1988—1991年间的秘鲁，2000—2009年间的津巴布韦，以及截至2018年8月的委内瑞拉，都发生过恶性的通货膨胀。其中，委内瑞拉的通货膨胀率已高达32714％。

课堂讨论

1. 请分析本章案例导入中津巴布韦的通货膨胀属于哪种类型的通货膨胀。
2. 查找近一年我国CPI的数据，分析一下当前的通货膨胀属于哪种类型。

笔记：

四、通货膨胀对社会经济的影响

通货膨胀对社会经济的影响主要表现在以下四个方面：

（1）通货膨胀有利于雇主而不利于雇员。由于通货膨胀难以准确预测，因此在短期内雇员的名义工资不能迅速相应地调整，因而，物价上涨使得其实际工资下降。而对雇主来说，这就意味着实际支出（成本）下降，从而利润得到增加。

（2）通货膨胀有利于债务人而不利于债权人。这是因为，如果借、贷双方没有考虑通货膨胀的影响，而以固定利率发生借贷关系，则通货膨胀一旦发生，实际利率就要下降。结果自然是债务人所付出的实际利息减少，因而得益，受损的就是债权人了。

（3）通货膨胀有利于实物资本持有者而不利于货币持有者。这是因为：物价上升，使得实物（商品）资本的实际价值可以基本保持不变，持有者没有损失；而手中的货币却没有保值，哪怕是名义上的升值，相反还要贬值，即使存在银行里，因其实际利率的下降，也要蒙受一定的损失。

（4）通货膨胀有利于政府而不利于公众。因为不能准确预期有通货膨胀，所以工资虽会有所增加（甚至是不增），但实际工资却难以保持原有水平（甚至是下降）。而名义收入的上升，却使得达到纳税起征点和更高税率者增多，从而使得政府的税收增加。

扩展阅读 7-5

通货紧缩

与通货膨胀引起物价持续上涨、货币贬值会影响人们的日常生活一样，通货紧缩也是一个与每个人都息息相关的经济问题。通货紧缩有三个基本特征：一是物价的普遍持续下降；二是货币供给量的连续下降；三是有效需求不足，经济全面衰退。

通货紧缩的危害在于：消费者预期价格将持续下跌，从而延后消费，打击当前需求；投资期资金实质成本上升，回收期延长，令回报率降低，从而遏止投资。此外，通货紧缩使物价下降，意味着个人和企业的负债增加了，因为持有资产实际价值缩水了，而对银行的抵押贷款却没有减少。比如，人们按揭购房，通货紧缩可能使购房人拥有房产的价值，远远低于他们所承担的债务。与通货膨胀相比，通货紧缩是一个让各国经济政策制定者都难以治理的问题。

通货紧缩对全球经济造成的危害远远大于通货膨胀。一旦通货紧缩和庞大的债务结合起来，必然会造成严重的财政问题；而严重的财政问题则又会使通货紧缩加剧，从而不利于世界经济的发展。

思考：

你认为我国经济目前处于通货膨胀还是通货紧缩状态？为什么？

 **笔记：**

_____
_____
_____
_____

本章要点回顾

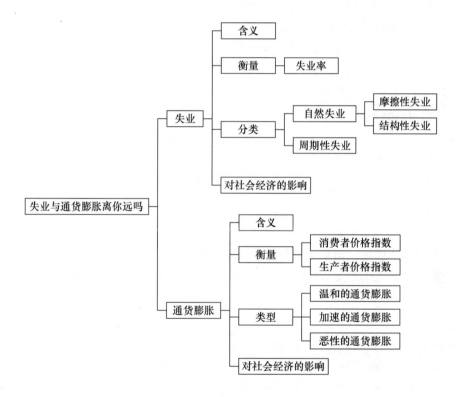

 学以致用

一、选择题

1. 充分就业意味着（　　）。

   A. 人人都有工作，没有失业者
   B. 消灭了自然失业时的就业状态
   C. 消灭了周期性失业时的就业状态
   D. 消灭了摩擦性失业时的就业状态

2. 当经济中只存在（　　）时，该经济状态被认为实现了充分就业。
   A. 摩擦性失业　　　　　　　　　　B. 摩擦性失业和结构性失业
   C. 结构性失业　　　　　　　　　　D. 周期性失业
3. 结构性失业是（　　）。
   A. 有人不满意现有工作，离职去寻找更理想的工作所造成的失业
   B. 由于劳动力技能不能适应劳动力需求的变动所引起的失业
   C. 由于某些行业的季节性变动所引起的失业
   D. 经济中由于劳动力的正常流动而引起的失业
4. 在以下情况下，可称为通货膨胀的是（　　）。
   A. 物价总水平的上升持续一个星期后又下降了
   B. 物价总水平的上升而且持续一年
   C. 一种物品或几种物品的价格水平上升且持续了一年
   D. 物价总水平下降而且持续了一年
5. 居民消费价格指数是指（　　）。
   A. 消费物价指数　　　　　　　　　B. 效用指数
   C. 遗憾指数　　　　　　　　　　　D. 生产者价格指数
6. 通货膨胀会使债务人的利益（　　）。
   A. 增加　　　　B. 减少　　　　C. 不变　　　　D. 无影响

二、简答题

1. 失业主要有哪些类型？
2. 什么是通货膨胀？衡量通货膨胀的指标是什么？
3. 根据通货膨胀的严重程度可将通货膨胀分为哪几类？

笔记：

_____
_____
_____
_____

三、案例分析题

（一）资料

"今年是最难毕业季"，似乎这句话每年都在说。从 2001 年开始，我国的大学毕业生人数每年都创新高，2001 年只有 114 万，2018 年却高达 820 万，翻了几乎 7 倍。一方面，就业总量压力依然很大，劳动力供大于求的格局并未改变。另一方面，就业的结构性矛盾进一步加剧，企业"招工难"与大学生"就业难"问题并存，且有常态化趋势。随着我国供给侧结构性改革的不断推进，就业结构性矛盾会更加突出，大学生就业难的问题还将持续下去。

（二）要求

1. 请你联系所在地区和学校的实际，分析大学毕业生就业难的原因。
2. 面对大学生"就业难"问题，高职学生应如何定位与应对？

笔记：

___

知识链接 7-1

你身边的统计指标——居民消费价格指数（CPI）

CPI 是 Consumer Price Index（消费者价格指数）的英文简称，我国称之为居民消费价格指数，是度量消费商品及服务项目价格水平随着时间变动的相对数，反映居民购买的商品及服务项目价格水平的变动趋势和变动程度。其按年度计算的变动率通常被用来反映通货膨胀或紧缩的程度；CPI 及其分类指数还是计算国内生产总值以及资产、负债、消费、收入等实际价值的重要参考依据。

1. 编制方法

首先，国家统计局和地方统计部门分级确定用于计算 CPI 的商品和服务项目以及调查网点。国家统计局根据全国城乡居民家庭消费支出的抽样调查资料统一确定商品和服务项目的类别，设置食品、烟酒及用品、衣着、家庭设备用品及服务、医疗保健及个人用品、交通和通信、娱乐教育文化用品及服务、居住 8 大类 262 个基本分类，基本涵盖了城乡居民的全部消费内容。全国抽选约 500 个市县，确定采集价格的调查网点，包括食杂店、百货店、超市、便利店、专业市场、专卖店、购物中心、农贸市场、服务消费单位等共 6.3 万个。

其次，按照"定人、定点、定时"的方式，统计部门派调查员到调查网点现场采集价格。目前，分布在全国 31 个省（自治区、直辖市）500 个调查市县的价格调查员共 4000 人左右。价格采集频率因商品而异，对于 CPI 中的粮食、猪牛羊肉、蔬菜等与居民生活密切相关、价格变动相对比较频繁的食品，每 5 天调查一次价格；对于服装鞋帽、耐用消费品、交通通信工具等大部分工业产品，每月调查二至三次价格；对水电等政府定价项目，每月调查核实一次价格。

最后，根据审核后的原始价格资料，计算单个商品或服务项目，以及 262 个基本分类的价格指数。然后根据各类别相应的权数，再计算类别价格指数及 CPI。

我国 CPI 的权数，主要是根据全国城乡居民家庭各类商品和服务的消费支出详细比重确定的。CPI 汇总计算方法采用链式拉式公式，编制月环比、月同比，以及定基价格指数。

2. 如何解读和使用 CPI？

如今，腰包日益鼓起来的人们对通货膨胀等宏观经济现象越来越关注，加入理财大军的投资人士关注 CPI 的热情更是明显升温。但如果不了解 CPI 数据的内容和性质，很容易造成误解和误用。

(1) CPI 不包含投资品和隐性收费。CPI 反映的是居民购买并用于消费的商品和服务价格变动情况的宏观经济指标，反映的是消费品而不是投资品的价格变化情况，不包括房价和农业生产资料。另外，CPI 中也不包括乱收费和一些没有明码标价的隐性收费项目。

(2) CPI 不是绝对价格。CPI 反映的是当前的物价水平相对于过去某个时期上涨（或下降）的幅度，而不是绝对价格的高低。CPI 涨幅高并不意味绝对价格高，反之亦然。

(3) CPI 是一个平均数。在使用 CPI 时，既要看价格总水平的变化，也要看其内部不同类别价格的变动。总水平的上涨并不意味着所有商品和服务项目价格的全面上涨，反之亦然。

另外，CPI 并不是越低越好。目前，我国经济正处于高速增长和结构快速转型时期，较低的 CPI 并不利于经济的增长。这是因为如果商品、服务价格不断走低，可能使企业效益下降，从而造成就业机会减少、居民收入下降、市场消费不足等一系列问题，整个国民经济体系将陷入一种互相牵制的非良性循环中。

（资料来源：中华人民共和国统计局网站 http://www.stats.gov.cn/tjzs/tjbk/nsbzb/201402/P020140226558226322808.pdf，上网时间：2018 年 11 月 27 日）

第八章

经济增长的源泉是什么

【知识目标】↘

- 了解经济增长的含义
- 理解经济增长的源泉
- 掌握经济周期四个阶段的特点

【技能目标】↘

- 能用本章所学知识,初步判断当前我国所处的经济周期阶段

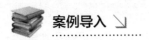

经济增长与中国巨变

中国桥、中国路、中国港、中国车、中国楼……一个个奇迹般的工程，编织起人民走向美好的希望版图，托举起中华民族伟大复兴的中国梦。

神舟飞天、墨子"传信"、高铁奔驰、北斗组网、超算"发威"、大飞机首飞、港珠澳大桥全线贯通……中国"赶上世界"的强国梦实现了历史性跨越。

……

改革开放以来，中国经济增长速度举世瞩目。国内生产总值从 1978 年的 3679 亿人民币增加到 2017 年的 827122 亿人民币，年均增长 9.3%，占世界经济的比重从 1978 年的 1.8%提高到 2017 年的 14.8%。中国从一个人口众多、人均收入很低的发展中国家，发展成为全球第二大经济体。贫困人口不断减少，居民收入稳步提高，人民生活持续改善，中国人民有了更多的获得感、安全感、幸福感与自豪感。现在的中国比历史上任何时期都更接近中华民族伟大复兴的目标。

思考：

（1）什么是经济增长？

（2）一国的经济是否能一直保持稳定增长？

（3）你知道经济周期吗？

笔记：

第一节 经 济 增 长

一、经济增长的含义

经济增长是一国或地区生产的产品（包括劳务）的不断增加，通常以 GDP 或人均 GDP 水平的持续增加来表示。

经济增长问题是世界各国都十分关注的问题，一个国家要想在激烈的国际竞争中掌握主动权，就必须有强大的经济实力作保证。如果一国或地区经济长期增长缓慢，则其必定会被世界淘汰。自1978年改革开放以来，我国经济持续高速增长，综合国力显著增强，人民生活不断改善，国际地位日益提高，为实现中华民族伟大复兴的中国梦奠定了坚定的物质基础。

扩展阅读 8-1

透过GDP数字看经济增长

表8-1 我国改革开放以来GDP增长率与GDP总量

（单位：亿元）

年 份	GDP增长率（%）	GDP总量	年 份	GDP增长率（%）	GDP总量
1978	0	3645	1998	7.8	84402
1979	7.6	4063	1999	7.6	89677
1980	7.8	4546	2000	8.4	92215
1981	5.3	4892	2001	8.3	109655
1982	9.0	5323	2002	9.1	120333
1983	10.9	5963	2003	10.0	135823
1984	15.2	7208	2004	10.1	159878
1985	13.5	9016	2005	10.2	183085
1986	8.9	10275	2006	11.6	211924
1987	11.6	12059	2007	11.9	249531
1988	11.3	15043	2008	9.0	300670
1989	4.1	16992	2009	8.7	354554
1990	3.8	18668	2010	10.3	397983
1991	9.2	21782	2011	9.2	471564
1992	14.2	26924	2012	7.8	519322
1993	14.0	35334	2013	7.7	568845
1994	13.1	48198	2014	7.4	636463
1995	10.9	60794	2015	6.9	689052
1996	10.0	71177	2016	6.7	744127
1997	9.3	78973	2017	6.9	827122

（资料来源：根据国家统计局公布的数据整理）

思考：

根据表8-1中1978—2017年我国GDP总量的变化情况及当前的最新数据，请你谈谈：
(1) 你对我国未来的经济增长有信心吗？
(2) 我国持续40年的经济增长给你的家乡和家庭带来了哪些变化？

📝 笔记：

_____

_____

_____

_____

二、经济增长与经济发展的区别

经济增长与经济发展是两个密切联系的不同概念。经济增长是指一国或地区在一定时期内产品和服务量的增加，一般用 GDP 或人均 GDP 的持续增加来表示。经济发展除包含经济增长外，还包含经济结构的变化（如产业结构的优化、消费结构的升级），社会结构的变化（如人口文化教育程度的提高、寿命的延长、婴儿死亡率的下降），环境的治理和改善，收入分配的变化（如社会福利的增进、贫富差距的缩小），等等。所以，经济增长是经济发展的基础，没有经济增长就不会有经济发展，当然也有可能出现有增长而无发展的情况。因此，只有把经济发展作为目标，经济增长与经济发展相配合，才能实现国民经济持续、健康、全面的发展。

三、经济增长的源泉

1. 人力资源

人力资源也就是劳动力，包括劳动力的数量和劳动力的质量。世界各国的实践表明，劳动力的质量是一个国家经济增长的最重要的因素。一个国家在经济发展中，光有一流的技术和先进的机器设备是远远不够的，还必须有一大批能掌握一流技术、能操控先进设备并不断创新的高素质技术技能人才。因为，在经济全球化的大背景下，一般的技术和机器设备都可以通过进口来解决，但核心技术和某些先进设备是买不来的。核心技术要掌握在自己手中，就必须有一批高素质技术技能人才去不断开发新产品。

改革开放以来，我国政府在高度重视发展普通高等教育的同时，也大力发展职业教育，为全面提升劳动者素质，造就一支有理想守信念、懂技术会创新、敢担当讲奉献的劳动者大军，为我国 40 年的高速经济增长提供了先决条件，也为我国经济由高速增长阶段转向高质量发展阶段奠定了良好基础。

扩展阅读 8-2

职业教育肩负向国家输出宝贵人力资源的重要使命

在一个职业分工结构合理的社会，技能型人才是不可或缺的。而高技能人才的涌现离不开高质量的职业教育。作为国民教育体系和人力资源开发的关键部分，职业教育肩负着培养多样化人才、传承技术技能、促进就业创业的重要职责。高质量的职业教育能够为社会输出更多既有创新意识又有制造功底的高素质技术技能人才，加速推动经济社会转型升级。

近年来，中国政府把职业教育的发展摆在了前所未有的突出位置。习近平总书记多次就加快发展职业教育提出明确要求，他指出："职业教育是国民教育体系和人力资源开发的重要组成部分，是广大青年打开通往成才大门的重要途径，肩负着培养人才、传承技术技能、促进就业创业的重要职责，必须高度重视、加快发展。"要树立正确人才观，培育和践行社会主义核心价值观，着力提高人才培养质量，弘扬劳动光荣、技能宝贵、创造伟大的时代风尚，营造人人皆可成才、人人尽展其才的良好环境，努力培养数以亿计的高素质劳动者和技术技能人才。

（资料来源：中国教育新闻网站 http://edu.china.com.cn.2015-01/01/conten_34455987.htm，上网时间：2018年11月24日）

思考：

天生我才必有用。人才是多层次的，科学家是人才，高级技工学校培养的高级技工是人才，高职院校培养的具有高技能的毕业生也是人才。中国不仅需要像钱学森一样杰出的科学家，也需要能够把这些科学家的设想变成产品的高级技工与高技能型人才。请结合你的专业，谈谈你准备如何成为高素质的技能型人才。

笔记：

_____

_____

_____

2. 自然资源

自然资源主要包括耕地、石油、天然气、森林、水资源和矿产资源等。一些高收入国家，如加拿大和挪威，就是凭借其丰富的自然资源在农业、渔业和林业等方面获得高产出而发展起来的。与它们类似，美国因拥有优越的自然条件和广阔的良田，才成为当今世界最重要的农产品生产国和出口国。

但是，当今世界上，自然资源的拥有量并不是经济发展取得成功的必要条件，南非的黄金与钻石储量在世界上都排名第一，但目前南非的经济发展状况仍然不容乐观；反之，日本作为一个自然资源极度匮乏的岛国，通过大力发展劳动密集型和资本密集型的产业，而获得经济的高速增长，成为世界经济强国。这也在一定程度上说明了自然资源与其他影响经济增长要素之间的辩证关系。

思考：

结合你所在地区的实际分析一下，在影响当地经济增长的因素中，自然资源是否起到了很大的作用。

笔记：

_____

_____

_____

3. 资本

资本可分为物质资本与人力资本。物质资本又称有形资本,是指设备、厂房、存货等的存量。人力资本又称无形资本,是指体现在劳动者身上的投资,如劳动者的文化技术水平、健康状况等。这里所指的资本是物质资本。

资本形成的规模、速度和结构是所有国家在发展经济时都必须考虑的问题,资本形成的结果是物质资本的产生,而物质资本规模与结构反映着一个国家的生产能力水平,对于我国这样的发展中国家来说,经济的腾飞就像发动一架飞机一样,投资的作用就是这架"飞机"的推进力,如果没有资本,"飞机"是根本"飞"不起来的。

资本对经济增长的重要程度在发达国家和发展中国家看来是不一样的。对于发展中国家而言,资本属于相对稀缺的资源,在这种情况下,经济增长受资本的影响就相对较大。而在发达国家中,由于资本已经达到饱和的程度,经济增长不再主要依赖资本的供给。

改革开放之初,我国的经济增长遇到资金缺乏的瓶颈,为了吸引更多的外资,我国各级政府一直致力于改善我国的投资环境和市场运行环境。良好的投资环境与巨大的市场潜力吸引了全世界众多企业家的目光,外资企业纷纷落户中国。截至 2016 年 11 月,我国已累计吸引外资 17600 亿美元,为我国的经济腾飞做出了重要贡献。

与此同时,我国也从过去资本净输入国变成了资本净输出国。截至 2016 年年底,我国对外直接投资存量超过 1.3 万亿美元,境外资产总额达 5 万亿美元。这标志着中国经过 40 年的改革开放后,开始从经济大国向经济强国迈进,必将对世界经济体系再调整产生深远的影响。

扩展阅读 8-3

港澳同胞为中国引进外资屡开历史先河

1978 年 9 月,中共十一届三中全会召开之前,一位港商来到广东东莞开办了太平手袋厂,获得国家工商总局发放的"三来一补"企业的第一个牌照,成为广东同时也是内地第一家来料加工厂;1979 年,香港企业家伍淑清注册北京航空食品公司,成为中国第一家合资企业;1983 年,由港商霍英东与内地合资的白天鹅宾馆在广州正式开业,这是内地首批五星级宾馆之一。

港澳同胞凭借毗邻广东地理上的优势,满怀爱国、爱乡之情,率先投资内地,屡开历史先河。到 2017 年年底,港澳在广东直接投资项目超过 10 万个,实际投入 1200 多亿美元,占广东实际吸收外来资金的三分之二,其中绝大部分投资来自香港。

思考:

外资到中国来的目的是为了追逐利润,为什么我们还要引入外资?

> 笔记：

4. 技术进步

技术进步被誉为经济增长的关键发动机，其作用主要体现在生产率的提高上，即同样的生产要素投入量能产出更多的产品。

随着现代社会科学技术水平的不断发展，技术进步由于其巨大的发展潜力已经成为影响经济增长速度和质量的最重要的因素。技术进步不仅包括新的生产技术，还包括新的管理方法和新的企业组织形式等。

一般情况下，技术进步与新知识的发现紧密相连，这些新知识使得企业能够利用新的方法来组合使用稀缺的资源，以实现更大规模的产出。世界各国，尤其是发达国家技术进步在国民经济增长中所占比重越来越大。美国、日本、德国等发达国家技术进步对经济增长的贡献远远超过我国。改革开放之初，我国从国外引进大量资本，促成了我国经济的腾飞。今天，我国不仅重视引进国外的资本，更加注意引进国外的技术，同时在自主创新上下足了功夫，目的就是提高我国的技术对经济增长的贡献，因为技术进步水平在很大程度上决定了经济增长的速度和质量。

扩展阅读 8-4

创新驱动铸辉煌　科技强国启新篇

我国已成为全球第二大研发投入大国和第二大知识产出大国，主要创新指标进入世界前列，科技创新的系统能力显著提升。国际科技论文总量比2012年增长50.8%，居世界第二位，被引论文数和国际热点论文数双双攀升至世界第三位，8个重要领域国际科技论文引用率排名第二位。发明专利申请量居世界第一，有效发明专利保有量居世界第三。全国技术合同成交额达11407亿元，科技进步贡献率增至56.2%，科技创新对经济社会发展的支撑引领作用显著增强。

重大科技创新成果不断涌现，加快塑造发挥先发优势的引领型发展。我国在量子通信、光量子计算机、高温超导、中微子振荡、干细胞、合成生物学、结构生物学、纳米催化、极地研究等领域取得一大批重大原创成果，并首次荣获诺贝尔生理学或医学奖、国际超导大会马蒂亚斯奖、国际量子通信奖等国际权威奖项，在基础研究领域的国际影响大幅跃升。战略高技术捷报频传，载人航天和探月工程、采用自主研发芯片的超算系统"神威·太湖之光"、国产首架大飞机C919、蛟龙号载人深潜器、自主研发的核能技术、天然气水合物勘查开发和新一代高铁、云计算、人工智能等成就举世瞩目。

（资料来源：中华人民共和国科学技术部.创新驱动铸辉煌 科技强国启新篇——党的十八大以来我国科技创新的主要进展与成就.求是网，http://www.qstheory.cn/dukan/qs/2017-05/31/c_1121047660.htm?bsh_bid=1716851476，上网时间：2018年11月27日）

第二节　经济周期

一、经济周期的含义

自1825年英国爆发了世界上第一次生产过剩的经济危机以来，在资本主义经济中繁荣与萧条的交替出现已成为引人注目的经济现象。迄今为止，没有任何一种经济能够始终维持繁荣，每种经济都是在衰退与复苏的周期性波动中不断发展的。这种经济从繁荣走向衰退、再从衰退中复苏而反复出现的现象带有一定的规律性。我们把经济运行中周期性出现的经济扩张与经济紧缩交替更迭、循环往复的现象称为经济周期。经济周期有以下三个特点：

（1）经济周期是现代经济中不可避免的波动；

（2）经济周期是总体经济活动的波动，如GDP、失业率、物价水平、利率、对外贸易等的波动；

（3）虽然每次经济周期并不完全相同，但它们却有共同点，即每个周期都是繁荣与萧条的交替。

二、经济周期的四个阶段

经济周期可以划分成四个阶段：繁荣、衰退、萧条和复苏，其中每个阶段又具有各自不同的特点。图8-1所示的是经济周期变动的曲线图，从图中我们可以看到经济周期的运行带有明显的阶段性特征。

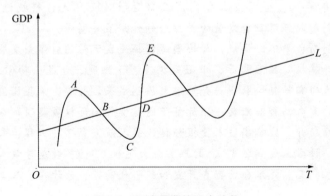

图8-1　经济周期的四个阶段

在图 8-1 中，纵轴代表 GDP，横轴代表时间 T，向右上方倾斜的直线 L 代表正常的经济活动水平。A 为顶峰，$A-B$ 为衰退期，$B-C$ 为萧条期，C 为谷底，$C-D$ 为复苏期，$D-E$ 为繁荣期，E 为顶峰。从 A 至 E 为一个周期。

这四个阶段的特点如下：

(1) 繁荣阶段。

繁荣阶段是经济扩张和持续增长达到高峰的阶段。在这一阶段，经济总量与经济活动高于正常水平，生产迅速增加，投资增加，信用扩张，价格水平上升，就业增加，公众对未来乐观。繁荣的最高点为顶峰，这时就业与产量水平达到最高。

(2) 衰退阶段。

衰退是指经济由繁荣的高峰向下跌落，是经济由繁荣转为萧条的过渡阶段。在这一阶段，生产急剧减少，投资减少，信用紧缩，价格水平下降，企业破产倒闭，失业急剧增加，公众对未来悲观。

(3) 萧条阶段。

萧条是经济不景气的低谷阶段，是衰退的继续和结果。萧条的最低点称为谷底，这时就业与产量跌至最低。在这一阶段，生产、投资、价格水平等不再继续下降，失业人数也不再增加。此时，GDP 总量与经济活动低于正常水平。

(4) 复苏阶段。

复苏是指经济由极度不景气转入回升。在这一阶段，经济开始从低谷全面回升，投资不断增加，商品价格水平、股票价格、利息率等逐渐上升，信用逐渐活跃，就业人数也在逐渐增加，公众的情绪逐渐高涨。需要指出的是，这时的经济仍未达到正常水平。当经济指标恢复到衰退前的最高水平时，就进入了新一轮的繁荣高涨阶段。

扩展阅读 8-5

改革开放以来中国经济增长周期情况

从经济增长率波动 10 年左右的中长周期来考察，改革开放以来我国经济增速经历了三次上升与回落的波动过程。

第一次上升是 1982—1984 年。GDP 增长率从 1981 年 5.2% 的低谷，上升到 1984 年 15.2% 的高峰。

第一次回落是 1985—1990 年。GDP 增长率从 1984 年 15.2% 的高峰，回落到 1990 年 3.8% 的低谷，下行调整了 6 年。

第二次上升是 1991—1992 年。GDP 增长率从 1990 年 3.8% 的低谷，上升到 1992 年 14.2% 的高峰。

第二次回落是 1993—1999 年。GDP 增长率从 1992 年 14.2% 的高峰，回落到 1999 年 7.6% 的低谷，下行调整了 7 年。

第三次上升是 2000—2007 年。GDP 增长率从 1999 年 7.6% 的低谷，上升到 2007 年 14.2% 的高峰。

> 第三次回落是 2008—2015 年。GDP 增长率从 2007 年 14.2% 的高峰，回落到 2015 年 7% 的低谷，回落 7.2 个百分点，下行调整了 8 年。这次回落是上述三次回落中历时最长的一次。
>
> 专家预计，在"十三五"期间（2016—2020 年）中国经济有可能进入新一轮上升周期，年均增长率会保持 6.5% 以上。
>
> （资料来源：刘树成. "十三五"时期经济波动态势分析. 人民网，http://opinion. people.com.cn/n/2015/0805/c1003-27411378.html，上网时间：2018 年 11 月 27 日）

三、经济周期的分类

按照经济周期的时间长短，人们将经济周期划分为长周期、中周期和短周期三种类型。

1. 长周期

1925 年，俄国经济学家康德拉季耶夫在《经济生活中的长期波动》中研究了美国、英国、法国和其他一些国家经济波动的资料，发现经济中存在着为期 54 年的周期性波动，这就是长周期，又称康德拉季耶夫周期。他把 18 世纪 80 年代末到 1920 年的这一时期划分为三个长周期：第一个长周期从 1789—1849 年，上升部分 25 年，下降部分 35 年，共 60 年；第二个长周期从 1849—1896 年，上升部分 24 年，下降部分 23 年，共 47 年；第三个周期从 1896 年起，上升部分 24 年，到 1920 年以后进入下降时期。

2. 中周期

1860 年，法国经济学家克里门特·朱格拉在《论法国、英国和美国的商业危机以及发生周期》一书中提到，市场经济存在着 9~10 年的周期波动。朱格拉把社会经济运动划分成繁荣、危机与萧条三个阶段，三个阶段的反复出现就形成了所谓的经济周期现象。他指出，在某种程度内这种周期波动是可以被预见或采取某种措施缓和的，但不可能完全抑制。

3. 短周期

1923 年，英国经济学家基钦（J. kitchen）在《经济因素中的周期与倾向》中指出，经济周期实际上有主要周期与次要周期两种。主要周期即中周期，次要周期为 3~4 年的短周期。

四、经济周期的成因

对于经济周期的原因，经济学家从不同的角度进行研究，主要理论如下：

1. 创新理论

创新理论由奥地利经济学家熊彼特提出。该理论把经济出现周期性的原因归为科学技术的创新，而科学技术的创新不可能持续不断地出现，从而就会出现经济的周期性波动。按照熊彼特的观点，创新是指对生产要素的重新组合，比如，采用新技术、新工艺、新材料、新产品、新市场等。而生产要素新组合的出现会刺激经济的发展。当生产要素的新老组合在市场上共存时,就必然给新组合的创新者提供获利条件。随着创新的普及、赢利机会的消失,经济的增长就会基本处于停滞阶段,从而引起经济衰退。直到另一次创新出现,经济再次繁荣。

2. 投资过度理论

投资过度理论认为,衰退不在于投资太少,而在于投资过多。不管是什么原因引起的投资增加都会引起经济繁荣。这种繁荣首先表现在对投资品(生产资料)需求的增加及投资品价格的上升上,这就更进一步地刺激了投资。由于投资过多,与消费品生产相对比,投资品生产发展过快。投资品生产的过度发展促使经济进入繁荣阶段,但投资品过度生产从而导致投资品过剩,又会促进经济进入萧条阶段。投资过度理论把经济的周期性循环归因于投资过度。

3. 消费不足理论

消费不足理论认为,衰退的原因在于收入中用于储蓄的部分过多、用于消费的部分不足,从而消费品的需求赶不上社会对消费品生产的增长,而消费品不足又引起对投资品需求不足,进而使整个经济出现过剩性危机。这种消费不足的根源在于社会收入分配不均,导致穷人购买力不足,而富人储蓄过度。

4. 心理预期理论

心理预期理论的主要代表人物是英国经济学家庇古(Arthur Cecil Pigou)和凯恩斯(John Maynard Keynes)。该理论强调心理预期对经济周期各个阶段有决定性作用,乐观与悲观预期的交替引起了经济周期中繁荣与萧条的交替。当任何一种原因刺激了投资活动、引起高涨后,人们对未来的预期的乐观程度一般总超过合理的经济考虑下应有的程度。这就导致过多的投资,引发经济过度繁荣。而当这种过度乐观的情绪所造成的错误被觉察以后,又会导致过分悲观的预期,由此过度减少投资引起经济萧条。于是,乐观预期和悲观预期的交替便引起了经济周期中的繁荣与萧条,经济也就周期性地发生波动。

5. 政治性周期理论

政治性周期理论把经济周期的根源归于政府对通货膨胀采取的周期性制止政策。该理论认为,经济周期与政策的稳定和经济政策的行为紧密相关。政府为了维持较高的经济增长速度,往往扩大总需求,从而导致通货膨胀。政府制止通货膨胀的唯一方法是人为地制造一次衰退。当经济出现衰退后,政府在人民的压力下又不得不再次执行充分就业政策,结果又推动了新的高涨,也就不可避免地会出现第二次人为衰退。

6. 货币周期理论

货币周期理论认为,经济周期是一种纯货币现象。经济中周期性的波动完全是由于银行体系交替地扩大和紧缩信用造成的。当银行体系降低利率、信用扩大、贷款增加时,生产扩张,供给增加,收入和需求进一步上升,物价上涨,经济进入繁荣阶段。经济过度繁荣引发通货膨胀,银行体系收缩银根,贷款减少,订货下降,供过于求,经济进入萧条阶段。萧条时期资金逐渐向银行集中,银行采取措施扩大信用,促进经济复苏。所以银行体系交替地扩张和紧缩导致了经济周期。

本章要点回顾

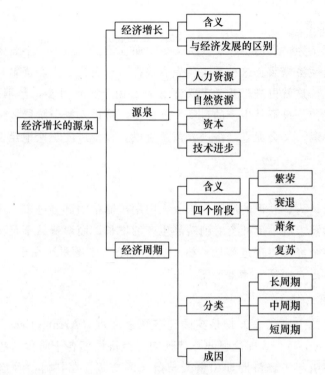

 学以致用

一、选择题

1. 经济增长的源泉包括（　　）。
   A. 资本　　　　B. 技术　　　　C. 自然资源　　　　D. 人力资源
2. 经济发展包括（　　）。
   A. 人均收入水平提高　　　　　　B. 贫富差距进一步加大
   C. 人口的受教育年限增加　　　　D. 人们的生活更加美好
3. 经济周期的四个阶段依次是（　　）。
   A. 繁荣、衰退、萧条、复苏　　　B. 繁荣、萧条、衰退、复苏
   C. 复苏、萧条、衰退、繁荣　　　D. 萧条、衰退、复苏、繁荣
4. 经济周期中的两个主要阶段是（　　）。
   A. 繁荣与复苏　　　　　　　　　B. 繁荣与萧条
   C. 繁荣与衰退　　　　　　　　　D. 衰退与复苏
5. 中周期的每一个周期为（　　）。
   A. 5~6 年　　　　　　　　　　　B. 8~10 年
   C. 25 年左右　　　　　　　　　　D. 50 年左右

6. 50~60 年一次的经济周期称为（　　）。
   A. 基钦周期　　　　　　　　　B. 朱格拉周期
   C. 康德拉季耶夫周期　　　　　D. 库兹涅茨周期

二、思考题

1. 经济增长的源泉有哪些？
2. 高等职业教育已经成就了中国高等教育的半壁江山，请你结合自己的专业与本章所学的知识，对自己的职业生涯进行规划。
3. 你认为我国目前正处于经济周期中的哪个阶段？为什么？

笔记：

三、案例分析题

（一）资料

"新四大发明"与数字经济

1. 高铁、网购、支付宝、共享单车，成为外国人心目中中国的"新四大发明"。像古代"四大发明"一样，被誉为"东方密码"的"新四大发明"标志着中国科技创新事业正在为解决人类问题贡献中国智慧、提供中国方案，也表明科技创新正成为中国经济发展的新动能和不竭动力。

2. 数字经济已经成为引领科技革命和产业变革的核心力量，人类社会正在进入以数字化生产力为主要标志的新阶段。数字经济将成为继农业经济、工业经济之后人类发展的一个新的历史阶段，将带动人类社会发展方式的变革、生产关系的再造、经济结构的重组和生活方式的巨变。数字经济对国民经济的贡献显著增强，成为拉动经济增长的新引擎。在"新四大发明"中，除了高铁，另外三项都是我国数字经济发展成就的缩影。国家互联网信息办公室发布的《数字中国建设发展报告（2017年）》显示，2017年我国数字经济规模达 27.2 万亿元，世界排名第二。

（二）要求

1. 你如何看待我国的"新四大发明"？
2. 你如何理解数字经济是拉动经济增长的新引擎？

笔记：

知识链接 8-1

经济周期对企业的影响

经济周期是指宏观经济运行中周期性出现的经济扩张与经济紧缩交替更迭、循环往复的一种现象，也称经济波动。以本章图 8-1 为例，每一个经济周期都可以分为上升和下降两个阶段。上升阶段也称繁荣（包括复苏与扩张两个时期），最高点称为顶峰。顶峰也是经济由盛转衰的转折点，此后经济就进入下降阶段，即衰退（包括紧缩与萧条两个时期）。衰退严重则经济进入萧条，衰退的最低点称为谷底。当然，谷底也是经济由衰转盛的一个转折点，此后经济进入上升阶段。经济从一个顶峰到另一个顶峰，或者从一个谷底到另一个谷底，就是一次完整的经济周期。

经济周期决定了企业的外部经济环境，对企业的生存与发展有着极大的影响。一个企业生产经营状况的好坏，既受其内部条件的影响，又受其外部宏观经济环境的影响。在扩张阶段，市场需求旺盛，生产趋升，企业处于较为宽松、有利的外部环境中。在衰退阶段，市场需求疲软，生产下降，企业处于较为恶劣的外部环境中。在经济衰退阶段，一批企业破产，退出市场；一批企业亏损，陷入困境；但也有一批企业能顺应外部环境变化，站稳脚跟，并获得到新的更大发展。这就是市场经济下"优胜劣汰"的企业生存法则。

由此可见，任何一个企业都无力改变经济周期的变化规律，但可以通过改善内部条件来积极适应外部环境的变化，充分利用外部环境，从而增强自身的生存与发展能力。因此，企业家们必须掌握经济周期的一般规律，并主动适应经济周期的变化。

第九章

你希望人民币升值还是贬值

【知识目标】

- 了解国际贸易及对外贸易依存度的含义
- 了解国际贸易政策的类型及内容
- 了解 WTO 的基本原则和主要内容
- 理解外汇与汇率的概念
- 掌握汇率标价的方法

【技能目标】

- 能判断一国货币的升值与贬值
- 能用所学理论简单分析人民币汇率变动对我国进出口的影响

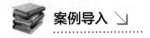

中国离不开世界　世界需要中国

美国记者萨拉在其畅销书《离开中国制造的一年》中，记录了她一家在2005年的整整一年里，一个美国普通老百姓的家庭离开"中国制造"的生活冒险故事。在2004年圣诞节，萨拉忽然发现，在她家的39件圣诞礼物中，有25件是"中国制造"的，看着家中DVD、鞋子、袜子、玩具、台灯……满眼的中国产品，萨拉发出这样的疑问："如果没有中国产品，美国人还能否活下去？"于是萨拉突发奇想，带领全家开始尝试一年不买中国产品的日子。由于不购买"中国制造"，4岁的儿子不得不去购买标价68美元的"意大利"鞋；厨房的抽屉坏了，可找不到工具修理；购买生日蜡烛竟成了折磨人的事，杂货店除了中国蜡烛，什么也没有；好不容易买到最"美国"的灯，也用了中国制造的关键零件；丈夫去法国旅行买的纪念品——埃菲尔铁塔钥匙链也是"中国制造"。作者经过一年的艰辛尝试，最后感慨道："没有中国货，生活会一团糟"。在未来的十年中，她再也没有勇气去尝试这种没有"中国制造"的日子。

十多年过去了，中国已成为世界贸易第一大国。在全球500多种主要工业产品中，中国有220多种产品产量居全球第一。现如今"中国制造"遍布世界各地，从最基本的日用品到成套的电器及机械设备，从手机、电脑到无人机……毫不夸张地说，在西方大商场里随便拿起一件物品，十有八九是"中国制造"。

就像外国人离不开中国产品一样，中国人也大量消费来自世界各地的产品。

思考：

（1）娜娜准备去美国旅游，她应该如何把人民币兑换成美元？

（2）娜娜认为如果1美元兑换6.7人民币变成1美元兑换6.0人民币时，说明人民币更值钱了，她去美国旅游可以少花钱了，中国进口美国产品也更便宜了。因此，她认为人民币升值对中国更有利。你同意她的看法吗？

（3）汇率变动会对一国进出口产生什么影响？

笔记：

第一节 国际贸易

随着全球经济一体化进程的加快,现在世界上几乎所有的国家都与其他国家不同程度地发生着贸易关系,出口本国产品和购买外国产品的现象极为普遍。我国改革开放后,加大了与世界各国或地区的贸易往来,国际贸易额逐年增加。

一、国际贸易的概念

1. 国际贸易

国际贸易(International Trade)是指不同国家(或地区)之间的商品和劳务的交换活动。国际贸易是商品和劳务的国际转移。所以,国际贸易也可以称为世界贸易。国际贸易由进口贸易(Import Trade)和出口贸易(Export Trade)两部分组成,所以有时也称为进出口贸易。

2. 贸易差额

贸易差额(Balance of Trade)是指一个国家(或地区)在一定时期内(通常为一年)出口总额与进口总额之间的差额。

(1) 贸易顺差(Favorable Balance of Trade),我国也称它为出超,表示一定时期的出口额大于进口额。

(2) 贸易逆差(Unfavorable Balance of Trade),我国也称它为入超、赤字,表示一定时期的出口额小于进口额。

(3) 贸易平衡,就是一定时期的出口额等于进口额。

一般认为,贸易顺差可以推进经济增长、增加就业,所以各国无不追求贸易顺差。但是,大量的顺差往往会导致贸易纠纷。

3. 对外贸易依存度

对外贸易依存度是衡量一个国家(或地区)国民经济外向程度大小的一个基本指标,是指一国(或地区)对外贸易总额在该国(或地区)国内生产总值中所占的比重。对外贸易依存度的计算公式为

$$对外贸易依存度 = \frac{(出口额 + 进口额)}{国内生产总值} \times 100\%$$

20世纪80年代以来,随着我国经济融入世界经济一体化的进程,对外贸易快速增长。伴随着外贸的增长,我国的对外贸易依存度也不断提高。1980年我国对外贸易依存度为13%,1985年为23.1%,1990年为30%,2000年为43.9%,2006年达到高点67%。之后开始回落,2012年为46.3%,2015年为37.6%,2017年为33.6%。这表明近年来我国加快转变经济发展增长方式成效显著,经济增长正由外需拉动向内需驱动转变。

二、国际贸易政策

国际贸易政策作为国家干预对外经济关系的工具,不仅是经济政策的重要内容之一,

也是对外政策的重要组成部分。国际贸易政策有两种基本类型：贸易保护政策和自由贸易政策。

1. 贸易保护政策

贸易保护政策是国家采取种种措施干预进出口贸易，限制商品和服务的进口或出口，以保护本国的市场和生产不受或少受外国商品的竞争，并鼓励出口，其实质是"奖出限入"。贸易保护政策的主要措施包括关税壁垒、非关税壁垒和鼓励出口等。

（1）关税壁垒。

关税壁垒是指一国（或地区）通过对外国商品征收较高的进口税，以此来达到限制进口、保护本国生产和本国市场的目的。高额进口税的设置可减少货物的进口量，但进口国并不是对所有的进口商品一律征收高关税。一般来说，大多数国家对所有工业制成品的进口征收较高关税，对半成品的进口征收关税次之，对原料的进口税征收最低甚至免税。因此，进口关税税率是随着产品加工程度的逐渐深化而不断提高的。

（2）非关税壁垒。

非关税壁垒是指关税以外的各种限制进口的措施。这类措施主要有进口配额制、"自动"出口配额制、进口许可证制度、技术性贸易壁垒与反倾销等。

① 进口配额制。

进口配额制是一国（或地区）对一定时期内某种商品的进口数量或金额所规定的限额。在规定的限额以内商品可以进口，超过限额就不准进口，或征收较高的关税或罚款。进口配额主要有绝对配额和关税配额两种。绝对配额是指在一定的时期内，对某种商品的进口数量或金额规定一个最高额，达到这个数额后，不准进口。而关税配额是指进口国对进口货物数量制定一个数量限制，对于凡在某一限额内进口的货物可以适用较低的税率或免税，但对于超过限额后所进口的货物则适用较高的或一般的税率。

② "自动"出口配额制。

"自动"出口配额制是出口国在进口国的要求或压力下，"自动"规定在某一时期内某种商品对该国的出口配额，在限定的配额内自行控制出口，超过配额即禁止出口。

③ 进口许可证制度。

进口许可证制度是一国（或地区）海关规定某些商品的进口必须申领许可证，没有许可证海关不予进口的制度。从进口许可证与进口配额的关系上看，进口许可证可以分为两种：一种是有定额的进口许可证；另一种是无定额的进口许可证，即国家在个别考虑的基础上，决定对某种商品的进口是否发给许可证，由于这种个别考虑没有公开的标准，所以能起到更大的限制进口作用。

④ 技术性贸易壁垒。

技术性贸易壁垒是指进口国通过颁布法律、法令和条例，对进口商品建立各种严格、繁杂、苛刻的技术标准、技术法规和认证制度等方式，对进口商品实施技术、卫生检疫、商品包装和标签等标准，从而提高产品技术要求，增加进口难度，最终达到限制外国商品进口的目的。由于这类壁垒大量以技术面目出现，因此常常会披上合法外衣，成为当前国际贸易中最为隐蔽、最难对付的非关税壁垒。它越来越成为发达国家限制发展中国家产品进口的重要手段。

第九章 你希望人民币升值还是贬值

扩展阅读 9-1

技术壁垒对贸易的影响

随着关税壁垒作用在全球的持续减弱,技术壁垒常被用来限制或影响他国的出口,这已经成为中国外贸企业绕不开的难题。比如,美国规定,自2017年12月12日起,所有在美国销售的复合木制品应符合美国环境保护局(EPA)制定的"复合木制品甲醛释放标准"。新标准大大提高甲醛释放限量值,其阈值远高于世界其他国家和地区的同类要求。以刨花板为例,我国现行标准是参照欧盟标准,甲醛释放限量不得超过90ppm;美国新标准则规定为不得超过0.09ppm,整整高出我国现行标准1000倍。目前,我国复合木制品除少数已通过美国CARB(加州空气资源管理委员会)规定的认证外,大多数都不能满足美国新标准。

2017年4月,厦门海沧检验检疫局针对国外技术性贸易措施对出口企业影响所做的调查显示:外贸企业出口遇到的首要障碍是"技术性贸易措施",远超过"汇率、反倾销、配额和许可证等"的影响。其中,60%的企业受到技术性贸易措施障碍,40%的企业因遭受国外技术性贸易壁垒造成损失而丧失订单,40%的企业认为受国外技术性贸易措施制约的主要原因是为了达到国外技术法规要求而导致生产成本过高。被调查企业遭受的技术壁垒主要来自美国和欧盟,类型集中在"认证要求""技术标准要求""工业产品中有毒有害物质限量"三个方面。

(资料来源:中国国际贸易促进委员会网站,http://www.ccpit.org/contents/channel_4117/2017/0810/858256/content_858256.htm,上网时间:2018年11月27日)

⑤ 反倾销。

倾销是指一国(或地区)的生产商或出口商以低于其国内市场价格或低于成本的价格将其商品挤进另一国(或地区)市场的行为。受到倾销商品损害的进口国为此采取的抵制措施称为反倾销。反倾销的最终补救措施是对倾销产品征收反倾销税。征收反倾销税的数额可以等于倾销幅度,也可以低于倾销幅度。

倾销经常被企业用来作为争夺国外市场的手段之一。为了占领外国市场,企业不惜用降低甚至低于成本的价格向国外出口商品。在这种情况下,倾销变成一种不公平、不正常竞争行为而必须加以制止。反倾销旨在抵制国际贸易中的不公平行为,维护公平竞争的国际经济秩序,促进国际贸易的健康发展。但随着国际贸易竞争日益激烈,贸易保护主义越演越烈,反倾销原则及规定在实践中已被一些国家歪曲和滥用,成为各国(或地区)实行贸易保护主义的重要手段。

扩展阅读 9-2

中国近百种商品被印度征收反倾销税

中国已经取代美国和阿联酋，成为印度第一大贸易伙伴和第一大进口来源地。大量从中国进口的货品充斥印度市场，相比当地的商品，印度消费者更愿意购买性价比高的中国商品。为了保护国内产业免受中国进口商品冲击，仅2017年上半年，印度已经对中国发起了12宗贸易调查，再次成为对华发起贸易调查最多的国家。

2017年8月，印度政府宣布，将对93种从中国进口的产品征收反倾销税。这次反倾销措施针对的中国产品众多，包括化工和石化、钢铁和其他金属制品、纤维和纱线、机械产品、橡胶或塑胶制品、电力电子产品和消费品等。

（资料来源：章鸣泽，裴孚.印度对93种从中国进口的产品征收反倾销税.中国青年网，http：//news.youth.cn/jsxw/201709/T20170908_10672608.htm，上网时间：2018年11月27日）

（3）鼓励出口。

各国为推行"奖出限入"的政策，一方面构筑关税壁垒和非关税壁垒，限制外国商品的进口；另一方面又采取各种经济和行政措施奖励出口。其主要奖励措施有以下几种：

① 出口信贷。出口信贷是指出口国为了支持和扩大本国大型设备出口，加强国际竞争力，以对本国的出口给予利息补贴并提供信贷担保的方式，鼓励本国银行对本国的出口商或外国的进口商（或其银行）提供的一种优惠性贷款。

② 出口信贷国家担保制（又称官方担保制度）。出口信贷国家担保制是指对提供出口信贷的出口国银行或提供延（分）期付款条件资金融通的本国出口商，由国家设立的专门机构出面担保。当外国债务人拒绝付款时，该担保机构承担担保的风险。

③ 出口补贴。出口补贴是指政府为了刺激出口而给予出口产品的补贴。根据补贴实施方式，可分为直接补贴和间接补贴。直接补贴是政府给予现金补贴，间接补贴是政府给予财政上的优惠。

④ 商品倾销。商品倾销是指出口企业在政府的支持下，以低于国内市场的价格，甚至低于生产成本的价格出口商品。

2. 自由贸易政策

自由贸易政策就是国家对进出口贸易不加干预和限制，使商品和服务能自由地输入和输出，在世界市场上自由竞争，其实质是"不干预政策"。自由贸易政策是资本主义早期奉行的政策，进入20世纪后，贸易保护主义政策抬头，严重制约着国际贸易和国际资本流动的发展。各国的贸易政策总是倾向于本国利益，必然会引起国家间的贸易纠纷，阻碍世界贸易和世界经济的健康发展。因此，要真正实现互惠互利，就必须加强贸易政策的国际协调，制定各国都能遵守的国际贸易准则。1995年成立的世界贸易组织（WTO）及其前身关税和贸易总协定（GATT）就是适应这种需要而产生的。

三、世界贸易组织

1. 世界贸易组织的成立

世界贸易组织（Word Trade Organization WTO，简称世贸组织）成立于1995年1月1日，是一个独立于联合国的永久性国际组织。世贸组织1995年1月1日正式开始运作，负责管理世界经济和贸易秩序，其总部设在瑞士日内瓦莱蒙湖畔。

世贸组织是具有法人地位的国际组织，在调解成员争端方面具有更高的权威性。与关贸总协定相比，世贸组织涵盖货物贸易、服务贸易以及知识产权贸易，而关贸总协定只适用于商品货物贸易。

世贸组织与世界银行、国际货币基金组织一起，并称为当今世界经济体制的"三大支柱"。目前，世贸组织的贸易量已占世界贸易的95％以上。

2. 世界贸易组织的宗旨

世界贸易组织的宗旨是：促进经济和贸易发展，以提高生活水平、保证充分就业、保障实际收入和有效需求的增长；根据可持续发展的目标合理利用世界资源，扩大商品生产和服务；达成互惠互利的协议，大幅度削减和取消关税及其他贸易壁垒并消除国际贸易中的歧视待遇。

世贸组织的主要目标是推动世界贸易的自由化。

3. 世界贸易组织的原则

体现世贸组织宗旨的基本原则主要有非歧视原则、自由贸易原则和公平竞争原则。世界贸易组织的基本原则体现在它的各项协议、协定之中，主要有以下几点：

（1）最惠国待遇原则。该原则是指在货物、服务贸易等方面，一成员给予其他任一成员的优惠和好处，都须立即无条件地给予所有其他成员。

（2）国民待遇原则。该原则是指在征收国内税费和实施国内法规时，成员对进口产品、外国企业与服务和本国产品、企业、服务要一视同仁，不得歧视。严格地讲就是外国商品或服务与进口国国内商品或服务处于平等待遇的原则。

（3）互惠互利原则（权利与义务的平衡原则）。世贸组织管理的协议以权利与义务的综合平衡为原则，这种平衡是通过成员互惠互利地开放市场的承诺而获得的，也就是你给我多少利益，我也测算给你多少实惠。也就是说，以相互提供优惠待遇的方式来保持贸易的平衡，谋求贸易自由化的实现。互惠包括双边互惠和多边互惠。

（4）扩大市场准入原则。世贸组织倡导成员在权利与义务平衡的基础上，依其自身的经济状况，通过谈判不断降低关税和取消非关税壁垒，逐步开放市场，实行贸易自由化。

（5）促进公平竞争与贸易原则。世贸组织禁止成员采用倾销或补贴等不公平贸易手段扰乱正常贸易的行为，并允许采取反倾销和反补贴的贸易补救措施，保证国际贸易在公平的基础上进行。

（6）鼓励发展和经济改革原则。世贸组织认为，发达成员方有必要认识到促进发展中成员方的出口贸易和经济发展，从而带动整个世界贸易和经济的健康发展。因此，在各项协议中允许发展中成员方在相关的贸易领域，在非对等的基础上承担义务。

（7）贸易政策法规透明度原则。该原则要求：各成员将实施的有关管理对外贸易的各项法律、法规、行政规章和司法判决等迅速加以公布，以使其他成员政府和贸易经营者加以熟悉；各成员政府之间或政府机构之间签署的影响国际贸易政策的现行协定和条约也应加以公布；各成员应在其境内统一、公正和合理地实施各项法律、法规、行政规章、司法判决；等等。

2001年12月11日，中国正式成为世界贸易组织第143个成员。到2016年8月，世界贸易组织共有164个成员。

扩展阅读 9-3

加入世贸组织后中国地位与日俱增

加入世贸组织以来，中国经济获得了巨大成功——目前中国已成为全球第二大经济体、世界第一大贸易国、世界第一大吸引外资国、世界第二大对外投资国。中国不但登上了世界经济舞台的中央，而且为推动世界经济发展做出了卓越贡献。

加入世贸组织对促进中国外贸发展和拉动经济增长发挥了重要作用。目前，中国已连续三年稳居世界第一货物贸易大国，成为全球120多个国家和地区的最大贸易伙伴。

2001年我国进出口总额0.51万亿美元，2015年这一数字为3.96万亿美元，约为加入世贸组织前的8倍。预计未来5年，中国进出口总额将达到8万亿美元，利用外资总额将达到6000亿美元，对外投资总额将达到7500亿美元，出境旅游将达到7亿人次，为世界带来更多的发展机遇。

（资料来源：张雯.加入世贸组织15年，中国赚了多少？凤凰网，http://news.ifeng.com/a/20161212/50399290_0.shtml，上网时间：2018年11月27日）

第二节 外汇与汇率

现实中，国际贸易必须借助多种货币才能顺利进行，这就牵涉货币的流动。不同的国家使用不同的货币，不同的货币如何在国际流动，就涉及外汇与汇率的问题。

一、外汇的含义

外汇就是指外国货币或以外国货币表示的能用于国际结算的支付手段。外汇主要包括以下几个方面：

（1）外国货币，包括纸币、铸币。

（2）外币支付凭证，包括票据、银行的付款凭证和邮政储蓄凭证等。

（3）外币有价证券，包括政府债券、公司债券和股票等。

应当注意的是，外币与外汇既有联系，又有区别。外汇不仅包括外币，还包括外国支付凭证、外国有价证券等；并非所有的外币都是外汇，只有可以自由兑换的外币才是外汇。

例如，美元、欧元对中国来说是外汇，因为它们是以外国货币表示的，同时它们又是可自由兑换的。朝鲜货币（朝鲜元）就不是外汇，因为朝鲜货币不能自由兑换。目前，全世界约有50个国家和地区的货币是可自由兑换货币，但主要的国际结算货币是美元、英镑、欧元、日元、瑞士法郎、加拿大元等。

课堂讨论

（一）资料

人民币正式入篮SDR

2016年10月1日，人民币正式加入国际货币基金组织（IMF）特别提款权（SDR）货币篮子。自这一天起，人民币与美元、欧元、日元和英镑一道构成SDR货币篮子，成为IMF认定的五种"可自由使用"货币之一，意味着IMF以及其他机构将在金融业务中使用人民币。

人民币"入篮"是中国经济融入世界货币和金融体系的重要一步，体现了中国在货币系统、汇率体系以及金融系统推进改革的成就，是对中国推进金融市场开放以及金融市场体系完善的认可。

SDR是IMF于1969年创设的一种国际储备资产，用以弥补成员国官方储备不足。目前，货币篮子中五种货币的权重分别为：美元占41.73%，欧元占30.93%，人民币占10.92%，日元占8.33%，英镑占8.09%。

人民币纳入SDR，是人民币国际化征程当中重要的里程碑，但人民币要真正成为可自由兑换货币还有相当长的路要走。

（资料来源：中国人民银行网站，http://www.pbc.gov.cn/goutongjiaoliu/113456/113469/3154426/index.html，上网时间：2018年11月27日）

（二）讨论

人民币正式入篮SDR对我国经济发展有什么影响？

笔记：

二、汇率及其标价方式

汇率又称汇价,是指一个国家的货币兑换成另一个国家货币的价格。汇率的标价方法有直接标价法和间接标价法。

1. 直接标价法

直接标价法又称应付标价法,是指以一定单位的外国货币(1、100、1000或10000)为标准,来计算应付出多少单位的本国货币的方法。在这种标价法下,若一定单位外币折算的本国货币增多,则说明外币币值上升,外币汇率上涨,即外汇升值;反之,一定单位外币折算的本国货币减少,则说明本币升值,外币贬值,即外汇贬值。直接标价法有利于本国投资者更直观地了解外汇行情变化,它是除英国、美国之外的绝大多数国家采用的标价方法。我国采用直接标价法,例如:

$$100 \text{ 美元} = 661.81 \text{ 元人民币}$$
$$100 \text{ 欧元} = 766.32 \text{ 元人民币}$$
$$100 \text{ 英镑} = 865.71 \text{ 元人民币}$$

我国从事外汇业务的银行,每天会实时公布外汇牌价:现汇买入价、现钞买入价、现汇卖出价、现钞卖出价和中间价。卖出价是外汇银行卖给客户外汇时所采用的汇率。外汇卖出价高于买入价的部分是银行买卖外汇的毛收益。银行在对外挂牌公布汇率时,还另注明外币现钞买入价,这主要是针对一些对外汇实行管制的国家。由于外币现钞在本国不能流通,需要把它们运到国外才能使用,在运输现钞过程中需要花费一定的保险费、运费,所以银行购买外币现钞的价格要略低于购买外汇票据的价格。而卖出外币现钞的价格一般和外汇卖出价相同。表 9-1 所示是某银行在 2017 年 11 月 9 日 9:30 的实时外汇牌价。

表 9-1 外汇牌价(人民币/外币)

货币名称	交易单位	现汇买入价	现钞买入价	现汇卖出价	现钞卖出价	中间价
美元 USD	100	661.71	656.27	664.36	664.36	662.77
欧元 EUR	100	766.11	742.25	771.49	771.49	768.94
英镑 GBP	100	866.75	839.75	872.83	874.14	873.09
日元 JPY	100	5.803	5.6222	5.8437	5.8437	5.8283
瑞士法郎 CHF	100	660.45	640.07	665.09	666.75	663.86
加拿大元 CAD	100	519.19	502.76	522.84	523.1	519.44
澳大利亚元 AUD	100	507.48	491.67	511.04	511.04	507.32
新西兰元 NZD	100	460.22	446.02	463.46	469.14	458.04
韩国元 KRW	100	0.5927	0.5719	0.5975	0.6192	
新加坡元 SGD	100	485.08	470.11	488.48	488.48	486.31

中间价是买入价和卖出价的算术平均数,即

$$中间价 = \frac{现汇买入价 + 现汇卖出价}{2}$$

电视、报刊、电台通常报告的是中间价，它是衡量一国货币价值的重要指标，常被用作汇率分析。

2. 间接标价法

间接标价法又称应收标价法，是指以一定单位（如1，100）的本国货币为标准，以此来计算应收若干单位的外国货币的方法。目前，英国和美国采用间接标价法。例如，某日在伦敦外汇市场上以英镑表示的美元、加元汇价分别为：

$$1 \text{英镑} = 1.314 \text{美元}$$
$$1 \text{英镑} = 1.666 \text{加元}$$

在间接标价法下，本币金额固定不变：一定单位本币折算的外国货币增加，说明本币升值、外汇贬值；反之，一定单位本币折算的外币减少，说明本币贬值、外汇升值。

三、汇率变动对进出口的影响

一般来说，本币汇率下降，即本币对外币的币值贬低，能起到促进出口、抑制进口的作用；若本币汇率上升，即本币对外币的币值上升，则有利于进口，不利于出口。

本币汇率下降意味着外币升值，使一定数额的外币能够兑换更多的本币，必然会使以外币表示的出口商品价格降低，增强本国商品在国际市场上的竞争力，从而有利于扩大出口。同样，本币汇率下降会使以本币表示的进口商品价格上升，提高进口商品的成本，从而使得国内市场对进口商品的需求减少，在一定程度上对进口贸易起到抑制作用。因此，一般情况下，某国货币汇率下跌将对该国进出口贸易起到"抑制进口，扩大出口"的作用；反之，一国汇率上升则会起到"限制出口，鼓励进口"的作用。

扩展阅读 9-4

人民币升值的利与弊

一、人民币升值理论上的好处

（1）有利于增强人民币的购买力。人民币升值给国内消费者带来的最明显变化，就是手中的人民币"更值钱"了。不论你购买外国产品，还是出国留学或旅游，你会发现，它们的价格变得"便宜"了。

（2）有利于降低进口能源和原料的成本。我国是一个资源相对匮乏的国家，像石油、铁矿石等许多重要原材料都要依赖进口。人民币升值，可减轻我国进口能源和原料的成本负担。

（3）有利于促进出口企业提高产品竞争能力。长期以来，我国一些出口企业特别是劳动密集型产品的出口企业主要依靠低成本优势赢得市场，产品附加值低，在全球价值链中只能扮演"世界打工仔"的角色。人民币适当升值，有利于促进出口企业提升产品科技含量与国际竞争力，增强企业的持续发展能力。

（4）有利于缓解对外贸易的不平衡问题。鉴于我国出口贸易发展的迅猛势头和日益增多的贸易顺差，美国等主要贸易伙伴一再要求人民币升值。人民币适当升值，有助于缓和我国和主要贸易伙伴的关系，减少贸易纠纷。

二、人民币升值理论上的弊端

（1）不利于出口企业特别是劳动密集型企业的产品出口。在国际市场上，我国产品尤其是劳动密集型产品的出口价格远低于其他国家同类产品价格，利润率普遍较低。人民币一旦升值，为维持同样的人民币价格底线，用外币表示的我国出口产品价格将有所提高，这会削弱其价格竞争力。

（2）不利于我国引进境外直接投资。我国是世界上引进境外直接投资最多的国家之一，外资企业对促进整个国民经济的发展产生着不可忽视的影响。人民币升值后，虽然对已在中国投资的外商不会产生实质性影响，但是对即将前来中国投资的外商会产生不利影响，因为这会使他们的投资成本上升。在这种情况下，他们可能会将投资转向其他发展中国家。

（3）不利于金融市场的稳定。如果人民币升值，大量境外短期投机资金就会乘虚而入，大肆炒作人民币汇率。在我国金融市场发育还不健全的情况下，容易引发金融货币危机。

（4）不利于外汇储备的保值、增值。截至2018年10月底，我国外汇储备为30531亿美元，居世界第一位。一旦人民币升值过快，巨额外汇储备便面临缩水的威胁。

思考：

人民币贬值对我国经济也会产生影响。请查询最新资料，谈谈人民币贬值会给企业和个人带来哪些影响。

笔记：

_____

_____

_____

_____

第九章 你希望人民币升值还是贬值

本章要点回顾

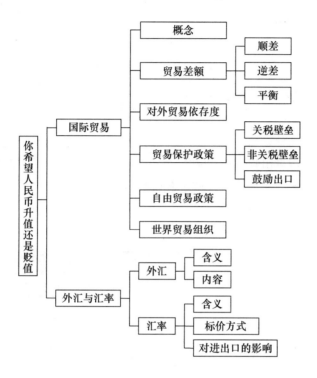

 学以致用

一、选择题

1. 下列属于非关税壁垒措施的有（　　）。
   A. 自愿出口限制　　　　　　　　B. 技术性壁垒
   C. 技术和卫生检疫标准　　　　　D. 进口许可证

2. 在我国，人民币汇率标价方法有（　　）。
   A. 直接标价法　　　　　　　　　B. 间接标价法
   C. 美元标价法　　　　　　　　　D. 应付标价法

3. 人民币升值是指（　　）。
   A. 由 100 美元兑换 671.22 人民币变成 100 美元兑换 649.12 人民币
   B. 由 100 美元兑换 671.22 人民币变成 100 美元兑换 677.12 人民币
   C. 由 100 人民币兑换 14.12 美元变成 100 人民币兑换 14.87 美元
   D. 由 100 人民币兑换 14.12 美元变成 100 人民币兑换 13.12 美元

4. 一般而言，本国货币贬值，可以使（　　）。

   A. 本国的进口与出口都增加

   B. 本国的进口增加、出口减少

   C. 本国的进口减少、出口增加

   D. 本国的进口和出口都减少

二、简答题

1. 什么是贸易顺差？什么是贸易逆差？
2. 什么是外汇与汇率？
3. 汇率标价有哪几种方法？
4. 汇率变动对一国进出口有何影响？
5. 用所学知识分析人民币升值对我国有何影响。

笔记：

三、案例分析题

（一）资料

1. 2016年，人民币兑美元汇率贬值幅度较大。人民币兑美元中间价从年初的6.50贬值到年末的6.95，贬值幅度超过7%。

2. 2017年，人民币又开始较大幅度地升值。人民币兑美元中间价从年初的6.87升值到年末的6.54，升值幅度约为6%。

3. 2018年，人民币对美元汇率逆转2017年的升势，人民币兑美元中间价从年初的6.3左右贬值到8月初的6.8左右，贬值幅度约为8%。

（二）要求

人民币持续升值与贬值都会引起人们特别是进出口企业的担忧，请你分析人民币持续升值或持续贬值会对我国经济产生什么影响。

笔记：

知识链接 9-1

国际贸易理论——国际贸易的好处

一、绝对优势理论

英国著名经济学家亚当·斯密在其代表作《国民财富的性质和原因的研究》中,提出了绝对优势理论。

亚当·斯密认为:每个国家由于自然资源赋予或后天的条件不同,都会在某一种商品的生产上有绝对优势。如果每一个国家都把自己拥有的全部生产要素集中到自己拥有绝对优势的产品的生产上来,然后通过国际贸易,用自己产品的一部分去换取其他国家生产上具有绝对优势的产品,则各国资源都能被最为有效利用,每一个国家都能从中获利。

假设世界上只有两个国家:英国和法国,两国各自生产葡萄酒和呢绒两种产品,所耗费的劳动如表9-2所示。

表9-2 分工前各国劳动投入和产出

项 目	葡萄酒		呢 绒	
	劳动投入量	产出量(吨)	劳动投入量	产出量(匹)
英国	20	1	10	1
法国	10	1	20	1
合计	30	2	30	2

从表9-2可以看出,英国在呢绒的生产上有绝对优势,法国在葡萄酒的生产上有绝对优势。根据亚当·斯密的观点,英国应把全部生产要素都用于生产呢绒,而法国应把全部生产要素都用于生产葡萄酒。两个国家分别生产一种产品,然后进行交换。分工后葡萄酒和呢绒的产量如表9-3所示。

表9-3 分工后各国劳动投入和产出

项 目	葡萄酒		呢 绒	
	劳动投入量	产出量(吨)	劳动投入量	产出量(匹)
英国	0	0	30	3
法国	30	3	0	0
合计	30	3	30	3

从表9-3可以看出,进行国际分工之后,两国生产两种产品的产量都得到增加。如果它们以1∶1的比例拿呢绒与葡萄酒进行交换,交换的结果,英国和法国保持了原有消费品种和数量,而且英国比原来多了1匹的布、法国比原来多了1吨的葡萄酒。这说明两国都从国际贸易中得到了利益。

二、比较优势理论

亚当·斯密的理论建立在两国绝对成本比较的基础之上,但实际上,往往是一国无论生产什么其绝对成本都低于另一国。在这种情况下，国际贸易还有利于双方吗？英国经济学家大卫·李嘉图在《政治经济学及赋税原理》一书中提出了比较优势理论。大卫·李嘉图认为，在两国都生产同样产品的条件下，即使其中一国在两种产品的生产上都处于劣势，该国仍然可以专门生产一种劣势较轻的产品，双方仍然可以从贸易中获利。

假设英国和葡萄牙同时生产葡萄酒和呢绒，葡萄牙生产这两种产品都处于劣势，但是，这两种产品与英国相比所处劣势不同，如表9-4所示。

表9-4 生产一个工作单位所需的工作时间

项 目	生产1吨葡萄酒的劳动投入	生产1匹呢绒的劳动投入
英国	100小时	10小时
葡萄牙	300小时	20小时
劳动生产率比值（葡萄牙/英国）	3	2

从表9-4可以看出，葡萄牙在葡萄酒和呢绒的生产上与英国相比均处于绝对劣势，但葡萄牙在葡萄酒上的劳动生产率是英国的1/3，而呢绒的劳动生产率是英国的1/2。相比之下，葡萄牙在呢绒上的劣势要小一些，英国在葡萄酒和呢绒的生产上都具有优势。但由于葡萄酒的优势比呢绒的优势要大，在这种情况下，如果葡萄牙专门生产呢绒，英国专门生产葡萄酒，按照这种方式分工之后进行贸易，双方同样都会获利。

三、要素禀赋理论

相对于成本理论强调的是各国劳动生产率的差异，而瑞典经济学家赫克歇尔和俄林提出的要素禀赋理论强调的是各国自然资源的差异。该理论认为，在生产活动中，除了劳动起作用外，还有资本、土地、技术等生产要素，各国产品成本的不同，必须同时考虑各个生产要素。

要素禀赋理论分为狭义的要素禀赋理论和广义的要素禀赋理论。狭义的要素禀赋理论认为：在国际贸易中，一国的要素丰裕程度即要素禀赋决定了一国的比较优势，一国应该集中生产并出口其要素禀赋丰富的产品，进口其要素禀赋稀缺的产品。即，如果某国劳动相对丰裕、资本相对稀缺，那么它就应该出口劳动密集型的产品，而进口资本密集型的产品。

广义要素禀赋理论认为：国际贸易不仅会导致商品价格的趋同，而且会使各国生产价格趋同。由于各国的要素禀赋是不同的，一国出口本国要素禀赋丰富的商品。随着该种商品的不断出口，该种要素会变得越来越稀少，从而导致该种要素价格的上升，在没有其他因素干扰的情况下，该种要素价格一直上升到与贸易伙伴国的该种要素价格持平。

第十章

政府如何调控经济

【知识目标】 ↘

- 了解宏观经济四大政策目标
- 理解财政政策和货币政策的基本原理
- 掌握政府调控经济的基本原理

【技能目标】 ↘

- 能利用所学知识初步理解我国在不同时期出台的财政政策与货币政策

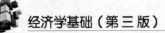

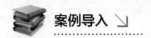

> **政府宏观经济目标**
>
> 国务院总理在每年的政府工作报告中,都会提出当年经济增长、就业、物价、国际收支等方面的目标。
>
> 例如,李克强总理在2018年政府工作报告中提出:2018年我国经济社会发展的主要预期目标是:国内生产总值增长6.5%左右;居民消费价格涨幅3%左右;城镇新增就业1100万人以上,城镇调查失业率5.5%以内,城镇登记失业率4.5%以内;居民收入增长和经济增长基本同步;进出口稳中向好,国际收支基本平衡;单位国内生产总值能耗下降3%以上,主要污染物排放量继续下降;供给侧结构性改革取得实质性进展,宏观杠杆率保持基本稳定,各类风险有序有效防控。

思考:
(1) 为保证上述目标的实现,国家应做哪些工作?
(2) 娜娜即将大学毕业,当前的经济形势对她就业有何影响?
(3) 宏观经济政策都有哪些目标?

笔记:

_____

_____

_____

_____

第一节 宏观经济政策目标

宏观经济政策是指国家在一定时期内,按照宏观调控目标的要求而制定的组织、调节、控制经济活动的行为规范和准则。宏观经济政策的基本目标包含四个方面,即充分就业、物价稳定、经济增长、国际收支平衡。

一、宏观经济政策的四大目标

1. 充分就业

充分就业是指除了正常的暂时不就业,所有能工作的人都找到合适的职位,没有浪费现象。充分就业不是百分之百的就业,而是要把失业率控制在社会允许的范围之内。一般来说,自然失业率在5%左右就可以认为实现了充分就业。

就业是民生之本。当前我国经济发展进入新常态，随着调整产业及技术结构、消化长期积累的过剩产能进入加速期，就业问题更加凸显。因此，在当前及今后一个时期，把增加就业作为宏观调控的主要目标，有利于加快转变经济发展方式，实现可持续发展。

2. 物价稳定

物价稳定是指把通胀率维持在低而稳定的水平上。它是指一般物价水平即总物价水平的稳定；它并不是指通货膨胀率为零的状态，而是维持一种低而稳定的通货膨胀率，这种通胀率能为社会所接受，对经济不会产生不利影响。一般认为，当经济中存在温和通货膨胀时，也就实现了物价稳定。

3. 经济增长

经济持续稳定增长是宏观经济政策的基本目标。经济增长是指一个国家在一定时期内创造的国内生产总值或人均收入的增加。由于各国国情、经济发展所处的阶段不同，对经济增长速度的期望值也不同。一般而言，发展中国家经济增长率可能高一些，而发达国家的增长率普遍较低。

宏观经济政策目标就是要使经济增长速度保持在一个合理的水平上，既要努力提高速度，又要防止增长过快，更要避免大幅度波动。

4. 国际收支平衡

国际收支是指一国（或地区）与其他国家（或地区）之间由于贸易、非贸易和资本往来而引起的一种国际的资金收支行为。如果收入大于支出，国际收支就是顺差，反之则是逆差。国际收支的过度顺差和过度逆差对国内经济发展都是不利的。因此，如何保持国际收支基本平衡、避免国际收支长期失衡是各国（或地区）都面临的重要挑战。

课堂讨论

我国目前的宏观经济政策目标是什么？

笔记：

_____

_____

_____

_____

二、宏观经济政策四大目标之间的矛盾及协调

上述四个目标的理想状态是：较低的失业率、较低的通货膨胀率、较高的经济增长率和国际收支平衡。

然而，这些目标之间既存在相容性，也存在着一定的矛盾。例如，充分就业和物价稳定之间存在着矛盾，因为要实现充分就业，就必须运用扩张性的经济政策，而这些政策会增加财政赤字和货币供给量，从而引起物价上涨和通货膨胀。

充分就业与经济增长也有矛盾的一面：经济增长一方面会提供更多的就业机会，有利于充分就业；另一方面会导致资本特别是机器对劳动的替代，从而相对减少对劳动的需

求，使部分工人，尤其是技术水平低的工人失业。

此外，充分就业与国际收支平衡之间，物价稳定与经济增长之间都存在矛盾。

为了解决这四个目标之间的矛盾，就要求政府或者确定重点政策目标，或者在这些目标之间进行协调。从第二次世界大战以后美国的实际情况来看，其不同时期也有不同的政策目标偏重。例如，美国在 20 世纪 50 年代政策目标是兼顾充分就业与物价稳定，在 20 世纪 60 年代政策目标是充分就业与经济增长，在 20 世纪 70 年代后则强调物价稳定和四个目标的兼顾。2013 年以前，我国多次明确提出"保 8""保 7"等经济增长目标。"保 8""保 7"目标与当时的宏观经济形势和发展阶段是相适应的，但如果继续沿用下去，就会出现过于注重经济增速、忽略其他重要方面的问题。2013 年以来，我国不再偏重于保某一特定目标值，而是提出要对经济增长进行区间调控。区间调控将宏观调控的目标界定为一个合理区间：当经济运行接近区间下限时，调控的主要着力点是稳增长；当经济运行接近区间上限时，调控的主要着力点是防通胀；当经济运行处于中间状态时，则专注于深化改革和调整经济结构。

课堂讨论

当前我国应如何调整各个宏观经济政策目标之间的矛盾？

笔记：

第二节 财政政策与货币政策

一、财政政策

财政政策是指政府为达到既定的经济目标，通过财政收入和财政支出的变动来影响宏观经济运行状况。财政政策包括财政收入政策和财政支出政策两部分。

1. 财政政策的内容

（1）财政收入政策。

财政收入的主要来源是税收，因此财政收入政策就是税收政策。税收主要包括个人所得税、企业所得税以及其他税收等，其中最重要的是个人所得税与企业所得税。

在经济萧条时期，由于总需求不足，为了刺激总需求，政府往往采取减税的措施，使企业与个人可支配收入增加，这样居民更有能力进行消费，企业更有能力进行投资，社会的消费需求和投资需求增加，总需求也就随之增加。

而在经济繁荣时期，政府采取增加税收的办法来限制企业的投资与居民的消费，从而减少社会总需求，抑制经济过热，使经济恢复到比较正常的状态。

(2) 财政支出政策。

财政支出政策包括一个国家各级政府的全部支出，主要包括政府公共工程支出、政府购买性支出与政府转移性支出三大类。

① 政府公共工程支出，表现为政府对道路、水利设施、医院、学校等设施的建设。

② 政府购买性支出，表现为政府对商品和劳务的需求，如政府对国防物资、办公用品的购买，对各类人员的雇用。

③ 政府转移性支出，包括失业救济金、养老金等各种社会福利保障支出以及政府对居民的其他各类补贴。

课堂讨论

我国目前的财政收入和财政支出是如何构成的？

笔记：

___
___
___
___

2. 财政政策运用的一般原则

在经济萧条时，总需求小于总供给，经济中存在失业，政府就要通过扩张性的财政政策来刺激总需求。政府既可以增加财政支出，向企业进行大规模的采购，以刺激民间投资的增加；也可以兴建更多的公共工程，在创造出更多的就业机会和社会需求的同时为经济发展奠定基础。此外，政府还可以减少税收，增加转移支付，增加对居民的各种补贴，使他们有更大的财力进行消费，从而带动消费需求。这样有助于经济克服萧条，刺激经济向正常水平发展。

当经济过度繁荣时，总需求大于总供给，经济中存在通货膨胀，政府则要通过紧缩的财政政策来压抑总需求。通过减少财政支出、增加税收来抑制总需求，减少通货膨胀的压力，使经济恢复正常发展。

扩展阅读 10-1

近些年我国财政政策的变化

20世纪90年代以来，我国财政政策经历多次调整。

1993—1997年，为控制通货膨胀，我国政府采取包括财政政策在内的一系列适度从紧的宏观调控政策，促使国民经济成功地实现了"软着陆"，形成"高增长、低通胀"的良好局面。

经济学基础（第三版）

> 1998年，由于受到亚洲金融危机的影响，我国国内出现了有效需求不足的问题，经济增长乏力。在这种情况下，我国政府果断决定实施积极的财政政策，扩大内需，成功走出危机阴影。
>
> 2004年以来，我国经济呈现出加速发展的态势，但也出现了部分行业和地区投资增长过快、通胀压力加大等问题，在这种情况下，政府又一次抉择，从2005年起将积极财政政策转向稳健财政政策。
>
> 2008年以来，面对百年一遇的国际金融危机，我国在实施适度宽松的货币政策的同时，重启积极的财政政策，并出台了4万亿元的投资计划。投资规模和力度之大历史罕见，彰显中央力保经济平稳较快增长的信心和决心。
>
> 2013年以来，我国始终坚持稳中求进的工作总基调，实行积极的财政政策。这就意味着我国不能再搞大水漫灌的"强刺激"，不能沿袭过度依赖投资、消耗资源的传统发展方式，必须创新宏观调控的思路和方式，适时预调微调，确保就业、物价、收入等指标继续运行在合理区间。

💡 思考：

请查找资料了解本年度我国实行的是怎样的财政政策。

📝 笔记：
___
___
___
___

二、货币政策

货币政策是指中央银行为实现其特定的经济目标，通过调节货币量和利率来影响整体经济的政策。货币政策主要包括公开市场业务、再贴现率和存款准备金率。

1. 公开市场业务

公开市场业务是指中央银行在金融市场上买卖各种有价证券，从而扩大或缩小商业银行的准备金，进而扩大或缩小货币供应量的一种行为。

当经济萧条时，政府需采用扩张性措施刺激经济活动。中央银行在金融市场上买入政府债券，个人和团体卖出政府债券，获得的都是货币。这些货币会被存入商业银行，势必会增加商业银行存款，从而促进商业银行增加放款，最终使得货币供应量增加。货币供给量增加，迫使利息率水平下降，减轻投资者借款的利息负担，从而促进企业投资增加，促使生产和收入增长。

当经济过快增长和通货膨胀时，中央银行在金融市场上卖出政府债券，收回货币，使市场出现与上述情况完全相反的效果——减少货币供应量，从而达到抑制社会总需求的目的。

2. 再贴现率

贴现政策是指中央银行通过变动贴现率以调节货币供应量与利息率的政策。再贴现是指商业银行将贴现收进的合格票据，如国库券、短期公债、短期商业票据，再向中央银行贴现。商业银行向中央银行再贴现时所支付的利率称为再贴现率。所谓再贷款，是指商业银行以政府债券做担保向中央银行取得贷款。

再贴现率或中央银行贷款利率的高低直接影响商业银行的资金成本，其作用是：一方面，商业银行会随再贴现率的升降相应减少或扩大中央银行再贴现或再贷款的数量，收缩或增加信贷供给；另一方面，再贴现率决定商业银行信贷利率水平，若中央银行再贴现率提高，商业银行的贷款利率也会相应提高，就能在一定程度上抑制贷款需求，反之，则能刺激信贷需求。

贴现政策是一种介乎信贷数量控制和利率调节之间的调节手段。

3. 存款准备金率

商业银行资金的主要来源是存款。为了应付储户随时取款的需要，确保银行的信誉与整个银行体系的稳定，银行不能把全部存款放出，必须保留一部分准备金。法定准备金率是中央银行以法律形式规定的商业银行在所吸收存款中必须保持的准备金的比例。商业银行在吸收存款后，必须按照法定准备金率保留准备金，其余部分才能作为贷款放出。例如，如果法定准备金率为20%，则商业银行在吸收100万元存款后，就要留出20万元准备金，其余80万元可作为贷款放出。

当中央银行提高法定存款准备金率时，商业银行可运用的资金减少，贷款能力下降，市场货币量便会相应减少，所以，在通货膨胀时中央银行可提高法定准备金率；反之，则降低。

> **扩展阅读 10-2**
>
> **央行降低存款准备率的作用**
>
> 降低存款准备金率，即降低商业银行存款中不能用于放贷部分的比例。假设银行有10000元钱，原来的准备金率是10%，现在降低0.5%，那么市场上的货币流通量就从9000元变至9500元，新增的这500元，将被释放到市场当中。
>
> 例如，央行宣布自2016年3月1日起，普遍下调金融机构人民币存款准备金率0.5%，降准后的存款准备金率为16.5%。当时境内金融机构存款总额为141.99万亿元，降准0.5%，直接释放给银行的基础货币为7099.5亿元。此次降准，将有助于促进银行储备足够的可贷资金，以保持信贷支持实体经济的能力。

💡 思考：

请查找资料了解我国目前采用了哪些货币政策来调控经济。

笔记:

三、财政政策与货币政策的协调

财政政策和货币政策是国家实行宏观调控的主要手段。然而，无论是财政政策还是货币政策，都具有一定的局限性，如果单纯运用其中某一项政策，很难全面实现宏观经济政策的目标。这就从客观上要求两者应互相协调、密切配合，以充分发挥它们的综合调控能力。财政政策和货币政策有以下四种搭配方式：

1. "双松"搭配，即宽松的财政政策和宽松的货币政策的搭配

在经济萧条时期，一般可采用"双松"搭配的政策。宽松的财政政策是通过减税和扩大政府支出等手段来增加总需求；宽松的货币政策则是通过降低法定准备金率、贴现率和扩大再贷款等松动银根的措施，促使利率下降，进而增加货币供给量、刺激投资和增加总需求。

"双松"政策搭配，对经济增长有较强的刺激效应，但把握不当，易引发通货膨胀。

2. "双紧"搭配，即紧缩性财政政策和紧缩性货币政策的搭配

在通货膨胀时期，一般可采用"双紧"搭配的政策。紧缩性财政政策是通过增税、削减政府支出等手段，限制消费和投资，从而抑制总需求；紧缩性货币政策通过提高法定存款准备金率、贴现率和收回再贷款等措施，使利率上升，以减少货币供给量，抑制总需求的过速增长。"双紧"政策可以抑制通货膨胀，遏止经济过热。

由于"双紧"政策对社会经济运行的调节是一种"急刹车"式的调节，从而容易带来较大的经济震荡，若把握不当，容易引起经济较大幅度的衰退。

3. 宽松的财政政策与紧缩性货币政策的搭配

宽松的财政政策与紧缩性货币政策的搭配，适用于对付生产停滞突出的经济滞胀，它起到防止经济衰退和萧条的作用。抑制经济增长，从而防止通货膨胀。这种政策搭配的效应是：在防止通货膨胀的同时保持适度的经济增长率，但如果长期运用这种政策搭配，则会使政府财政赤字不断扩大。

4. 紧缩性财政政策与宽松的货币政策的搭配

紧缩性财政政策与宽松的货币政策的搭配，适用于对付通货膨胀突出的经济滞胀。紧缩性财政政策可以在一定程度上防止总需求膨胀和经济过热；宽松的货币政策则可以使经济保持一定的增长率。因此，这种政策搭配的经济效应是：在保持一定经济增长率的同时尽可能地避免总需求膨胀和通货膨胀。但由于执行的是宽松的货币政策，货币供给量的总闸门处在相对松动的状态，所以难以防止通货膨胀。

扩展阅读 10-3

坚持稳中求进的工作总基调

2013年以来，我国经济始终保持中高速增长。2013—2016年，我国GDP增速分别为7.8%、7.3%、6.9%和6.7%，4年平均增速为7.2%，高于同期世界2.5%以及发展中经济体4%的平均增长水平。这一成绩的取得，与我国始终坚持稳中求进的工作总基调是密不可分的。

5年来，世界经济增长低迷态势仍在延续，"逆全球化"思潮和保护主义倾向抬头，主要经济体政策走向及外溢效应变数较大，不稳定、不确定因素明显增加。从国内来看，我国发展处在爬坡过坎的关键阶段，经济运行存在不少突出矛盾和问题，产能过剩和需求结构升级矛盾突出，经济增长内生动力不足，金融风险有所积聚，部分地区困难增多。

面对国内外复杂严峻的经济形势，党中央从经济发展长周期和全球政治经济大背景出发，准确把握我国经济发展所处历史新方位，明确了中国经济发展已经进入新常态。这就要求我们既要巩固稳中向好的发展态势，促进经济社会大局稳定；也要积极推动全面深化改革，促进转方式调结构，促进民生改善。

因此，2013年以来，我国始终坚持稳中求进的工作总基调。"稳"，就意味着我国必须从当前经济发展的阶段性特征出发，适应新常态，保持战略上的平常心态，保持战略定力。"稳"，就意味着我国保持宏观经济政策的连续性和稳定性，坚持积极的财政政策和稳健的货币政策，为经济结构性改革营造稳定的宏观经济环境。"稳"，就意味着我国不能再搞大水漫灌的"强刺激"，不能沿袭过度依赖投资、消耗资源的传统发展方式，必须创新宏观调控的思路和方式，适时预调微调，确保就业、物价、收入等指标继续运行在合理区间。

（资料来源：林火灿.坚持稳中求进的工作总基调.中国政府网，http://www.gov.cn/xinwen/2017-08/29/content_5221116.htm，上网时间：2018年11月26日）

💡 **思考**：

请查找资料了解我国目前是如何协调财政政策和货币政策的。

📝 **笔记**：

本章要点回顾

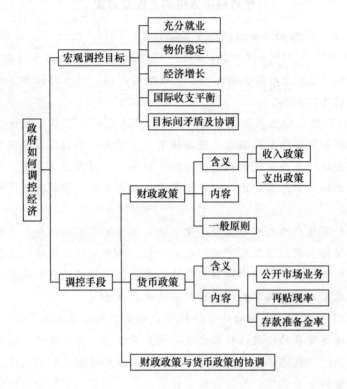

 学以致用

一、选择题

1. 宏观经济政策目标是（   ）。
   A. 充分就业   B. 物价稳定   C. 国际收支平衡   D. 经济增长
2. 当经济过热时，政府应该采取（   ）的财政政策。
   A. 减少财政支出   B. 增加财政支出   C. 扩大财政赤字   D. 减少税收
3. 经济中存在失业时，应采取的财政政策是（   ）。
   A. 增加政府支出   B. 提高个人所得税
   C. 提高企业所得税   D. 增加货币发行量
4. 紧缩性货币政策的运用会导致（   ）。
   A. 减少货币供给量，降低利率   B. 增加货币供给量，提高利率
   C. 增加货币供给量，降低利率   D. 减少货币供给量，提高利率
5. 中央银行在公开市场上买进和卖出各种有价证券的目的之一是（   ）。
   A. 调节债券价格   B. 调节利息率
   C. 调节货币供应量   D. 调节货币需求量

6. 公开市场业务是指（   ）。

　　A. 商业银行的信贷活动

　　B. 中央银行增加或减少对商业银行的贷款

　　C. 商业银行卖出有价证券

　　D. 中央银行在金融市场上买进或卖出有价证券

7. 中央银行提高再贴现率会导致（   ）。

　　A. 货币供给量增加和利息率提高　　B. 货币供给量增加和利息率降低

　　C. 货币供给量减少和利息率提高　　D. 货币供给量减少和利息率降低

8. 当经济中存在失业时，一般所采取的货币政策是（   ）。

　　A. 在公开市场上买进有价证券　　B. 提高再贴现率

　　C. 提高准备金率　　D. 在公开市场上卖出有价证券

二、简答题

1. 宏观经济政策的主要目标是什么？
2. 常用的宏观经济政策有哪些？
3. 在经济衰退时，政府一般应实行什么样的经济政策？
4. 在通货膨胀时，政府一般应实行什么样的经济政策？

笔记：

三、案例分析题

（一）资料

由教师提供有关当前我国宏观经济形势的资料。

（二）要求

1. 把全班分成 4~6 个小组。
2. 分组讨论说明我国应采用什么样的宏观经济政策。
3. 各组派出一个代表汇报小组讨论的意见，最后由教师点评。

笔记：

知识链接 10-1

银行创造货币的机制

宏观货币政策是指政府根据宏观经济调控目标,通过中央银行运用其政策工具,调节货币供给量和利息率,以影响宏观经济运行状况的经济政策。

货币政策涉及货币、银行、银行创造货币等有关的知识,要真正理解货币政策,需要先了解相关知识。

一、货币供应量

货币是充当商品交换的媒介物。货币政策的实施是通过货币供应量的变化来实现的。货币供应量是一国在一定时点上的货币总量。一个国家货币供应量如何计算,取决于该国把哪些东西定义为货币。

我国现阶段将货币供应量划分为三个层次,其含义分别如下:

M0,流通中现金,即在银行体系以外流通的现金。

M1,狭义货币供应量,即 M0+企事业单位活期存款。

M2,广义货币供应量,即 M1+企事业单位定期存款+居民储蓄存款。

在这三个层次中:M0 与消费变动密切相关,是最活跃的货币;M1 反映居民和企(事)业资金松紧变化,是经济周期波动的先行指标,流动性仅次于 M0;M2 流动性偏弱,但反映的是社会总需求的变化和未来通货膨胀的压力状况,通常新闻所说的货币供应量主要指 M2。

二、中央银行与商业银行

1. 中央银行

中央银行是一国的最高金融当局,它统筹管理全国的金融活动,实施货币政策以影响经济。中央银行主要具有三个职能:

(1)发行的银行。中央银行发行国家的货币。

(2)银行的银行。中央银行为商业银行提供贷款,集中保管存款准备金,还为各商业银行集中办理全国的结算业务。

(3)国家的银行。作为国家的银行,主要业务是:代理国库;提供政府所需资金;代表政府与外国发生金融业务关系;执行货币政策;监督、管理全国金融市场活动。

2. 商业银行

商业银行是以营利为目的的金融企业。它主要从事吸收存款、发放贷款与代客结算等业务,并从中获得利润。

三、银行创造货币的机制

在货币政策调节经济的过程中,商业银行体系创造存款货币的机制是十分重要的。这一机制与法定准备金制度、商业银行的活期存款,以及银行的贷款转化为客户的活期存款等制度是紧密相关的。

商业银行资金的主要来源是存款。为了应付存款客户随时取款的需要,确保银行的信誉与整个银行体系的稳定,银行不能把全部存款放出,而必须保留一部分准备金。法定准备金率是指以法律形式规定的商业银行在吸收存款中必须保持的准备金的比例。商业银行在吸收存款后,必须按法定准备金率保留准备金,其余的部分才可以作为贷款放出。

例如,如果法定准备金率为20%,那么,商业银行在吸收100万元存款后,就要留20万元作为准备金,其余80万元方可作为贷款放出。

因为活期存款就是货币,它可以以支票的形式在市场上流通,所以,活期存款的增加,就是货币供给量的增加。因为支票可以作为货币在市场上流通,所以客户在得到商业银行的贷款以后,一般并不是取出现金,而是把所得到的贷款作为活期存款存入同自己有业务来往的商业银行,以便随时开支票使用。所以,银行贷款的增加又意味着活期存款的增加,意味着货币流通量的增加。这样,商业银行的存款与贷款活动就会创造货币,在中央银行货币发行量并未增加的情况下,使流通中的货币量增加,而商业银行所创造货币的多少,取决于法定准备金率。我们可用一个实例来说明这一点:

假定法定准备金率为20%,最初某商业银行A所吸收的存款为100万元,那么,该银行可放款80万元,得到这80万元的客户把这笔贷款存入另一个商业银行B,该商业银行又可放款64万元,得到这64万元的客户把这笔贷款存入另一个商业银行C,该商业银行又可放款51.2万元。这样继续下去,整个商业银行体系可以增加500万元存款,即100万元的存款创造出了500万元的货币。可用数学方法计算各银行的存款总和为:$100+100\times0.8+100\times0.8^2+100\times0.8^3+\cdots=500$(万元)

而贷款总和是:$100\times0.8+100\times0.8^2+100\times0.8^3+\cdots=400$(万元)

如果以 R 代表最初存款;D 代表存款总额即创造出的货币;r 代表法定准备金率($0<r<1$),则商业银行体系所创造出的货币量的公式是:

$$D=\frac{R}{r}$$

由以上公式可以看出:银行体系所创造出的货币与法定准备金率成反比,与最初存款成正比。

上面的例子表明,中央银行新增一笔原始货币供给将使存款总和(货币供给量)扩大为原始货币量的 $1/r$ 倍。上例中就是5倍,$1/r$ 被称为货币扩张乘数或货币乘数。

如果用 K 表示货币乘数,则:

$$K=\frac{1}{r}=\frac{D}{R}$$

据此,我们将货币扩张乘数简单地定义为:商业银行派生存款创造过程中的存款总额与原始存款之比。它反映了商业银行通过贷款或投资业务创造派生存款的扩张或收缩倍数。

参考文献

[1] 〔美〕格里高利·曼昆.经济学原理[M].梁小民,译.7版.北京:北京大学出版社,2015.
[2] 〔美〕保罗·萨姆尔森,威廉·诺德豪斯.经济学[M].萧琛,译.19版.北京:商务印书馆,2013.
[3] 高鸿业.西方经济学[M].6版.北京:中国人民大学出版社,2014.
[4] 梁小民.西方经济学基础教程[M].3版.北京:北京大学出版社,2014.
[5] 尹伯成.西方经济学简明教程[M].8版.上海:格致出版社,2013.
[6] 吴汉洪.经济学基础[M].5版.北京:中国人民大学出版社,2017.
[7] 缪代文.微观经济学与宏观经济学[M].5版.北京:高等教育出版社,2014.
[8] 徐教道.经济学基础[M].2版.上海:上海财经大学出版社,2011.
[9] 唐树伶.经济学基础[M].2版.北京:高等教育出版社,2014.
[10] 史锋.西方经济学[M].3版.武汉:武汉理工大学出版社,2014.
[11] 徐美银.经济学原理[M].2版.北京:高等教育出版社,2012.
[12] 陈玉清.经济学基础[M].3版.北京:中国人民大学出版社,2015.
[13] 李晓西.宏观经济学案例[M].2版.北京:中国人民大学出版社,2014.
[14] 李明泉.经济学基础[M].4版.大连:东北财经大学出版社,2013.
[15] 刘华.经济学基础[M].4版.大连:大连理工大学出版社,2014.
[16] 安徽,刘源海.经济学基础[M].2版.北京:高等教育出版社,2012.
[17] 茅于轼,岑科.大家的经济学[M].北京:中央广播电视大学出版社,2014.
[18] 冯瑞.经济学基础[M].北京:高等教育出版社,2014.
[19] 郑月玲.每周一堂经济课[M].北京:人民邮电出版社,2009.
[20] 韩秀云.宏观经济学教程[M].北京:中国发展出版社,2004.
[21] 王福重.人人都爱经济学[M].北京:人民邮电出版社,2008.